MW00476594

«Si deseas una fe floreciente en tu matrimonio y en tu familia, ¡no te pierdas este libro!»

BRUCE WILKINSON
autor de *La oración de Jabes*, el éxito de librería #1, según el *New York Times*

«Me alegra muchísimo recomendar *Diez secretos para desarrollar una familia fuerte*. Como dicen los Rainey: "Las palabras en sí no son las que comunican amor, sino una conversación con tus hijos en la que se demuestre un profundo interés y un fuerte deseo de ser parte de sus vidas"».

ELISABETH ELLIOT

«Más que nunca necesitamos familias fuertes y amorosas. Valoro mucho el énfasis continuo que hacen Dennis y Bárbara en la importancia de centrar nuestras familias en la relación con Cristo».

GARY SMALLEY

«Los Rainey han esbozado diez "semillas espirituales" que se crearon para ayudarles a crear el ambiente ideal en el cual desarrollar la familia fuerte que espera Dios».

DR. TONY EVANS
pastor de Oak Cliff Bible Fellowship y presidente de *The Urban Alternative*

«En los deportes, los equipos campeones no surgen de la noche a la mañana. Se necesita tiempo, energía, sacrificio y un plan sólido de juego. Si lo que deseas es una familia campeona, por favor, dale a Dennis y a Bárbara la oportunidad de ayudarte a preparar un plan de entrenamiento a fin de tener un equipo ganador a través de *Diez secretos para desarrollar una familia fuerte*».

JOSÉ ÁLVAREZ
esposo, padre y ex lanzador de las Ligas Mayores con los Bravos de Atlanta

DIEZ SECRETOS
para desarrollar una

FAMILIA
FUERTE

RAINEY

Publicado por
Editorial Unilit
Miami, Fl. 33172
Derechos reservados

© 2003 Editorial Unilit (Spanish translation)
Primera edición 2003

© 2002 por Dennis & Barbara Rainey
Originalmente publicado en inglés con el título: *Growing A Spiritually Strong Family* por Multnomah Publishers, Inc. 204 W. Adams Avenue, P. O. Box 1720 Sisters, Oregon 97759 USA

Todos los derechos de publicación con excepción del idioma inglés son contratados exclusivamente por GLINT, P. O. Box 4060, Ontario, California 91761-1003, USA. (All non-English rights are contracted through: Gospel Literature International, PO Box 4060, Ontario, CA 91761-1003, USA.)

Ninguna parte de esta publicación podrá ser reproducida, procesada en algún sistema que la pueda reproducir, o transmitida en alguna forma o por algún medio electrónico, mecánico, fotocopia, cinta magnetofónica u otro excepto para breves citas en reseñas, sin el permiso previo de los editores.

Traducido al español por: Cecilia Romanenghi de De Francesco
Fotografía de la cubierta por: DigitalVision

Las citas bíblicas se tomaron de La Biblia de las Américas © 1986 por The Lockman Foundation; La Santa Biblia Nueva Versión Internacional © 1999 por la Sociedad Bíblica Internacional; la Santa Biblia, Versión Reina Valera 1960 © Sociedades Bíblicas Unidas; La Biblia al Día © 1979 por la Sociedad Bíblica Internacional; y Dios Habla Hoy, la Biblia en Versión Popular © 1966, 1970, 1979 por la Sociedad Bíblica Americana, Nueva York. Usadas con permiso.

Producto 495293
ISBN 0-7899-1093-4
Impreso en Colombia
Printed in Colombia

CONTENIDO

Reconocimientos

Es inevitable que todo libro, ya sea largo o corto, involucre a un equipo de individuos que desempeñan papeles clave durante todo el proceso. Las siguientes personas merecen una ovación de pie por su trabajo en este libro.

Ante todo, deseamos expresar nuestro profundo reconocimiento a Bruce Nygren. Como ya sabes, Bruce, este libro adquirió forma durante algunos días muy difíciles para ti y tu familia. Gracias por tu amistad y tu amor por Jesucristo, por su Palabra y por la institución de la familia.

También deseamos agradecer:

Al equipo de apoyo de la oficina del director ejecutivo de FamilyLife: Janet Logan, John Majors y Cherry Tolleson. Día tras día nos respaldan con fidelidad.

A los miembros de otros departamentos de FamilyLife que nos ayudaron: Ben Colter, Merle Engel, Clark Hollingsworth, Bob Lepine, Doug Martin, Tammy Meyers, Tonda Nations y Bob Paine. Y una palabra especial de gratitud para un siervo que ya no se encuentra en actividad, pero que sigue de guardia: Pat Claxton.

A nuestros colaboradores en Multnomah Publishers: Don Jacobson, Bill Jensen, David Kopp, Cliff Boersma y David Webb. Jim Lund merece una palabra especial de gratitud por un trabajo de edición bien hecho.

A la organización Cumplidores de Promesas, por darle a Dennis la increíble oportunidad de hablar frente a miles de hombres acerca del tema «25 maneras de guiar espiritualmente a tu esposa». Ese mensaje encendió la chispa que dio origen a este libro.

ESTE LIBRO ESTÁ DEDICADO
A NUESTROS SEIS HIJOS CASADOS:

Ashley y Michael Escue
Ben y Marsha Kay Rainey
Samuel y Stephanie Rainey

¡ES NUESTRA ORACIÓN QUE SUS MATRIMONIOS
Y FAMILIAS CREZCAN CADA VEZ
MÁS FUERTES EN CRISTO!
Dennis y Bárbara Rainey

INTRODUCCIÓN

Luego de todos estos años, la familia Rainey todavía recuerda la noche en que regresé (Dennis) a casa del trabajo y me encontré con el lavavajillas que no funcionaba, el triturador de basura estaba atascado y la casa parecía bajo las repercusiones de una inundación y un tornado simultáneos. Nuestro hijo de tres años estaba enfermo, sobre el piso había una alfombra de cereales pisoteados y nuestra pequeña de doce meses se estiraba para abrazar a su papi con las manitos chorreando chocolate derretido. Nuestra hija de cinco años agitaba su brazo enyesado que todavía no había sanado, y los de ocho y diez años se quejaban a dúo de malestar estomacal.

Mi esposa, Bárbara, parecía lista para correr hacia las montañas. Si lo hubiera hecho, es probable que yo la hubiera seguido de inmediato.

Si tiene hijos, sabe a lo que me refiero. ¡El problema de una familia es que está allí todos los *días*!

Hay tiempos buenos y no tan buenos. Estar casado y criar una familia no es para los débiles de corazón. La travesía es larga y exigente. Sin embargo, los padres sabemos que lo que hacemos con nuestros hijos día tras día tiene un significado que trasciende los pocos años que ellos están con nosotros.

Una encuesta reciente que FamilyLife realizó entre estadounidenses que asisten a la iglesia preguntaba: «¿Cuáles son los asuntos sobre los cuales necesita ayuda con frecuencia en su vida?»[1]. De las respuestas más repetidas, tres de las cuatro principales estaban relacionadas con las disciplinas y el crecimiento espiritual. Como nación, estamos buscando con desesperación una vida espiritual más profunda para nuestros hijos y para nosotros mismos. Sin embargo, vivimos en una cultura que desalienta a cada instante el crecimiento espiritual.

¿Estos asuntos también te preocupan? Entonces, este librito es para ti. Creemos que ofrece el aliento y la dirección inmediatos que necesita tu familia. Es una invitación para dejar de lado las distracciones que te rodean y volver a concentrarte en lo que en verdad importa: Dios, su Palabra, la familia y la eternidad.

Después de casi treinta años de matrimonio (sume sesenta... ¡ya que somos dos!), de dirigir un ministerio nacional y de criar seis hijos, hemos identificado diez factores críticos en el desarrollo de una familia fuerte en lo espiritual. Si tú y tu familia aplican estos sólidos principios y prácticas bíblicos, te garantizamos que descubrirás una creciente vitalidad espiritual en tu hogar. Nos atrevemos a prometerlo porque no se trata de un simple deseo para nuestras familias y para nosotros mismos, sino que también es lo que desea Dios.

Este libro también incluye diez «semillas espirituales»: actividades prácticas que elevarán tu espíritu y el de tu cónyuge y alimentarán la fe de tu familia. Si no tienes un compañero o una compañera, sigue leyendo; hemos escrito este libro en especial para parejas, pero los principios se aplican de la misma manera a los padres que están solos.

No importa dónde te encuentres en esta travesía como padre, anímate porque Dios está contigo y valora tu papel como líder espiritual de tu familia. Es un esfuerzo que vale los largos días... y las noches algunas veces aun más largas:

> Por lo tanto, mis queridos hermanos, manténganse
> firmes e inconmovibles, progresando siempre en
> la obra del Señor, conscientes de que su trabajo
> en el Señor no es en vano.
> (1 Corintios 15:58)

Que Dios te bendiga y te guarde a medida que desarrollas una familia fuerte espiritualmente.

Dennis y Bárbara Rainey

1

HUNDE TUS RAÍCES

Llegó sin previo aviso. Yo (Dennis) me encontraba en el trabajo cuando se me ocurrió mirar por la ventana; el hermoso cielo azul que había admirado hacía unos minutos ahora estaba lleno de unas nubes negras que no auguraban nada bueno. En un instante más comenzó a llover a cántaros y, a continuación, un feroz viento hizo su aparición doblando a los árboles hasta un ángulo que parecía imposible. Entonces chilló la sirena de tornados. Salimos como pudimos de los escritorios y buscamos refugio; muchos nos acurrucamos debajo de un hueco de la escalera de concreto que estaba en el sótano. La radio confirmó nuestro mayor temor: el tornado se dirigía hacia nosotros.

Mientras las ráfagas de viento de más de 190 km/h rompían vidrios y hacían temblar las paredes, varios de nosotros nos pusimos a orar. Pensé en mi familia y oré para que estuvieran a salvo (más tarde descubrí que el tornado pasó a menos de tres cuadras de nuestra casa).

Luego de cinco angustiosos minutos, el viento cedió y el sol volvió a brillar. ¡Sobrevivimos! Gracias a Dios, nadie se hirió.

Salí para ver los daños. El tornado tocó suelo a solo ciento sesenta metros arrancando varios pinos enormes antes de saltar por encima de nuestro edificio de oficinas y arrancar de raíz más pinos inmensos. Me sorprendió ver que las raíces de los árboles arrancados no eran tan grandes. Luego, no lejos de allí, vi a un antiguo y majestuoso roble que parecía casi intacto. Solo tenía algunas ramas rotas.

Tiempo después me enteré que los pinos en nuestra región tienen un sistema de raíces superficiales, de ahí que muchas de esas imponentes bellezas verdes se convirtieran en leña. Sin embargo, el sistema de raíces de un roble se sumerge a lo profundo de la tierra y esto le permite resistir incluso la furia de un tornado.

Las raíces fueron el elemento decisivo.

¿Qué clase de sistema de raíces espirituales necesita una familia cristiana saludable? Si queremos llevar adelante un liderazgo inconmovible en la familia, esa clase de fortaleza que resiste los tornados de la vida, necesitamos raíces espirituales como las del roble. La mejor manera de asegurar la presencia de raíces tan profundas es cerciorarse antes de que los padres se estén convirtiendo en «robles de justicia» (Isaías 61:3). Los padres deben crecer en su fe y deben convertirse en robustos discípulos de Cristo. Jesús dijo:

«Permanezcan en mí, y yo permaneceré en ustedes. Así como ninguna rama puede dar fruto por sí misma, sino que tiene que permanecer en la vid, así tampoco ustedes pueden dar fruto si no permanecen en mí.

»Yo soy la vid y ustedes son las ramas. El que permanece en mí, como yo en él, dará mucho fruto; separados de mí no pueden ustedes hacer nada». (Juan 15:4-5)

Los seguidores de Cristo han entendido durante siglos la importancia crítica de ciertas actividades espirituales que marcan la vida de un discípulo que crece. Mencionaremos tres actividades básicas, aunque no es menos cierto que existen más. Si tan solo priorizas estas tres, desarrollarás un sistema de raíces que resistirán las tormentas de la vida y te convertirán a ti y a tu cónyuge en líderes firmes de su familia.

UNA EXPERIENCIA PERSONAL DIARIA CON JESUCRISTO

Para que crezcas y llegues a ser todo lo que Dios tenía en mente al crearte, debes someterte a Jesucristo como señor, amo y autor de tu vida. La travesía espiritual de seguirle no consiste en una lista de cosas que debemos hacer y que no debemos hacer, sino más bien en un encuentro momento a momento con Jesús. El crecimiento tiene lugar en nuestras vidas en la medida que nos sometemos a Él, que caminamos con Él por fe y le obedecemos.

Lo que sigue no es una lista de control, sino más bien son disciplinas espirituales de probada eficacia que nos ayudan a crecer como seguidores de Cristo. Tú decidirás de qué manera vas a ponerlas en práctica, pero si lo haces, estos puntos básicos transformarán con el tiempo a un «bebé cristiano» en un seguidor de Cristo maduro.

- *Oración.* Una buena comunicación es la clave para cualquier relación floreciente. No cabe duda de que esto también se ajusta a nuestra relación con Dios. La Escritura nos insta a que oremos sin cesar (1 Tesalonicenses 5:17), a orar por todo (Filipenses 4:6-7) y a dar gracias en oración en toda situación (1 Tesalonicenses 5:18).

- *Estudio bíblico.* La Escritura es el manual del fabricante para nuestra vida cristiana. Haz de la Biblia una fuente constante de consulta para tomar decisiones, para conocer la verdad acerca del carácter de Dios, de sus caminos y de sus promesas, y para obtener consejos prácticos de cómo seguirle mejor.

- *Adoración.* Se nos manda que adoremos a Dios de manera individual y colectiva. Si no somos fieles en adorar a Dios, no solo los domingos sino en cada momento del día, es probable que vayamos a adorar alguna otra cosa.

- *Dar y Servir.* Somos mayordomos de muchos recursos personales, materiales y financieros. Dios nos dice que es mejor dar que recibir. Necesitamos cosechar el gozo de dar con generosidad como nuestro Padre celestial nos da a nosotros. Una forma de dar es servir a otros en el nombre de Cristo, en particular a los que son indigentes o que están solos.

- *Comunión.* No desaproveches el inmenso beneficio de ser cristiano: una conexión dentro del cuerpo de Cristo. Cuando tú y tu familia se reúnen juntos (Hebreos 10:25) en una iglesia local fuerte (un lugar en el que se enseñe que la Escritura es la Palabra inspirada de Dios), la sabiduría y el aliento de los otros creyentes los ayudará de manera eficaz a conducir y desarrollar espiritualmente a la familia.

- *Testimonio.* Tenemos la tarea de actuar en nombre de Jesús para reconciliar al perdido con Dios. Esto implica hacernos amigos de los vecinos y de otras personas que no son creyentes, a fin de plantar y cosechar las semillas del evangelio.

VERDADEROS AMIGOS

Por lo general, el crecimiento espiritual tiene lugar en el contexto de las relaciones. Todos necesitamos tener a alguien cerca, no solo para disfrutar de la amistad y de la comunión, sino también para cosechar los beneficios de rendirle cuentas a esa persona. Tanto el esposo como la esposa necesitan tener al menos una relación de amistad con un cristiano del mismo sexo (sobre todo en el caso de los padres que están solos). Y al menos otra pareja debe saber cómo funciona su matrimonio.

Nosotros tenemos una pareja de amigos en los que nos apoyamos con frecuencia en busca de consejo y equilibrio. Hablamos de todo, desde la disciplina de los hijos, las finanzas, el man-

SEMILLA ESPIRITUAL N.º 1

Dentro de un plazo de tres semanas, invita a cenar a una pareja cristiana en la cual confíes y con la cual te sientas cómodo. Pregúntales si estarían de acuerdo en ser sus «compañeros de rendición de cuentas matrimoniales» (y si le dicen que sí, ¡sírvales una cucharada más de helado!).

tenimiento del hogar, cómo hacer frente a la presión, y hasta de temas teológicos espinosos. Hemos experimentado «la sombra y el refugio» de su amistad.

Un pequeño grupo de amigos logra proporcionar muchas veces estas relaciones que nos exigen responsabilidad frente a otros. Lo ideal sería que formaran parte de un grupo de amigos en el que todos procuraran crecer de forma individual y colectiva como seguidores de Cristo. (Véase página 96 para obtener información acerca de Constructores del Hogar, el grupo de estudio pequeño de crecimiento más rápido en el mundo).

VIDA AUTÉNTICA

La verdadera vida comienza en el hogar. El lugar en el que es más difícil ser un seguidor de Cristo diario y constante es en la propia casa. Cuando estás en casa, rodeado de un cónyuge que te conoce bien y de varios discipulitos que observan con mucha atención cada una de tus palabras y cada uno de tus movimientos, es difícil mantener una fachada durante mucho tiempo. Y no debieras hacerlo. Si tienes una relación vital con Jesucristo, manifiéstala viviendo de la manera más sincera y consecuente posible. Dios se ocupará del resto.

Existen muchas maneras de mostrarle a la familia que tienes serias intenciones de seguir las pisadas de Jesucristo, pero hay dos en particular que en verdad valen: Admitir los errores y pedir perdón cuando estropeas una relación, en especial con alguno de tus hijos.

Por más humillante que sea, muy a menudo lograrás obtener un «dos por uno» en el cual demostrarás estas dos cualidades al mismo tiempo. Es mejor comenzar con esta práctica cuando los hijos son pequeños. (¡Así no parecerá tan humillante cuando sean mayores!)

Recuerdo (Bárbara) un momento en el que nuestra hija, Ashley, tenía cuatro meses. Estaba tratando de cambiarle el pañal y se retorcía más que de costumbre. No exploté ni le grité, pero me impacienté. La conciencia me remordía. Pensé: *Debería disculparme, ¿pero tiene sentido*

*hacerlo? ¡Tiene solo cuatro meses! No se acordará ni enten-
derá.* Sin embargo, sabía que era la oportunidad para comenzar a poner en práctica un patrón de pedir disculpas
cuando cometía un error con mi hija. Le dije a Ashley que
lo lamentaba y le pedí que me perdonara. ¡Ese pedido de
perdón le hizo bien a ella y a mí!

Cuando esto sucede con un hijo mayor, creo que la
clave es hablarle de lo que la Escritura dice en cuanto a lo
que Dios espera de nosotros cuando ofendemos a alguien.
Si nos hacemos los distraídos, en rea-
lidad estamos enviando el siguiente
mensaje: «Está bien, me equivoqué,
pero tú no te vas a salir con la tuya».
Es entonces cuando los hijos se que-
dan muy confundidos. No obstante,
cuando un padre es capaz de admitir
un error, pedir perdón y llevar toda
la situación a Dios, hay esperanza de que los dos aprendan de su error. El crecimiento espiritual no ocurre en un
corazón que es demasiado obstinado para admitir sus
errores.

> *¡Ese pedido de
> perdón le hizo
> bien a ella y a
> mí!*

Cuando nuestro hijo Samuel tenía quince años, debía (Dennis) ir a buscarlo al terminar su práctica de tenis.
Le había dicho que tal vez me retrasaría unos minutos
para poder terminar algunas tareas en la oficina, pero una
llamada telefónica urgente hizo que, en cambio, la tar-
danza fuera de cincuenta minutos. Samuel no estaba por

19

ninguna parte. Al final, luego de unos cuantos minutos más lo encontré.

Cuando Samuel se subió al auto, lo miré a los ojos y le dije: «Hijo, de verdad lo lamento. Te he fallado. Quiero que puedas contar conmigo como padre. ¿Me perdonas?».

«Claro, papá, no hay problema», me dijo.

¿Te parece sencillo? Lo es... bueno, en cierta medida. Para admitir los errores delante de un hijo adolescente necesitas algo de valor y debes tragarte el orgullo, pero si deseamos que cada miembro de la familia sea fuerte espiritualmente, tenemos que responder a nuestro Señor y caminar como Él lo hizo, no podemos solo hablar del asunto.

¿Cómo se encuentra tu sistema de raíces? ¿Apenas se esconde debajo de la superficie o se extiende a lo profundo dentro de la tierra? Invierte el tiempo y la energía necesarios para ser como «un árbol plantado junto al agua, que extiende sus raíces hacia la corriente; no teme que llegue el calor, y sus hojas están siempre verdes. En época de sequía no se angustia, y nunca deja de dar fruto» (Jeremías 17:8).

¿No es eso lo que todos buscamos? Deseamos una familia de «árboles» fructíferos que florezcan pase lo que pase; un bosquecillo lleno de «robles de justicia».

2

ORA CON TU CÓNYUGE

Le hemos dado este consejo a millones de parejas. Ninguna otra cosa que hayamos dicho los ha ayudado tanto a cambiar el curso de sus vidas.

Ora con tu cónyuge.

Sin embargo, cuando escuché (Dennis) por primera vez este consejo, me sentí desilusionado.

Cuando Bárbara y yo nos casamos (hace bastante tiempo, ¡por allá en la segunda mitad del siglo veinte!) mi jefe era un líder cristiano maduro y de éxito llamado Carl Wilson. Como hacía más de veinticinco años que estaba casado y no cabía duda de que era un esposo y padre feliz, pensé que debía aprovechar su sabiduría con respecto al matrimonio. Poco después de nuestra luna de miel le pregunté: «Carl, ¿cuál es el mejor consejo que puede darme al comenzar mi vida de casado?».

Carl no vaciló ni un instante.

«Ah, es fácil, Denny», dijo. «Ora todos los días con Bárbara. He orado todos los días con mi Sara Jo durante más de veinticinco años. Ninguna otra cosa ha edificado más nuestro matrimonio que el tiempo en que oramos juntos».

La respuesta parecía simplista, el tipo de respuesta que nos hace decir: «Qué bien, ¿pero hay algo más?». Sin embargo, los años han demostrado que el consejo de Carl era profundo y de gran valor.

Comenzamos a orar juntos todos los días, por lo general en las noches, antes de irnos a dormir. Con excepción de los tiempos en los que los viajes nos separan, y hasta en esos momentos oramos juntos por teléfono, calculamos que en casi treinta años de matrimonio hemos orado juntos todos los días con excepción de poco menos de una docena de veces.

Eso no quiere decir que esta disciplina espiritual siempre sea fácil ni agradable. El enemigo de nuestras almas hace todo lo posible para desviarnos de nuestro tiempo de conversación con Dios, y parece que está sobre todo interesado en impedir que los esposos disfruten esta poderosa intimidad espiritual.

Los dos recordamos una noche en la que no encontrábamos mucho deleite el uno en el otro, por decirlo de alguna manera suave. En realidad, estábamos discutiendo acerca de algo. Me acosté y me di cuenta de que todo lo que podía ver de la Bárbara casi siempre cordial era su espalda (que se encontraba sobre el extremo más lejano de su lado del colchón, a punto de caerse al suelo). Mi actitud con respecto a nuestra relación no distaba mucho de la de ella, así que me acomodé en el otro extremo del colchón. En medio de nuestras espaldas, corría un Gran Cañón emocional lleno de hielo. La idea de orar juntos y luego intercambiar un beso de buenas noches no resultaba atractiva en absoluto.

> *Señor, ¡déjame en paz! ¡No me confundas con detalles y datos!*

Sin embargo, antes de que pudiera quedarme dormido, me pareció que alguien me tocaba en el hombro. No era Bárbara. Luego, pareció que una voz me susurraba: *Rainey, ¿vas a orar con ella esta noche? ¿No te resulta odioso cuando Dios no te deja solo en esos momentos en los que deseas consentir tu autocompasión y pecado?* Traté de distraerlo. En mis pensamientos respondí: *No Señor, no voy a orar con ella esta noche. Ni siquiera siento que me gusta esta noche*

Su respuesta fue rápida: *Sí, ya lo sé. Es por eso que necesitas orar con ella.*

¡Pero Señor, tú sabes que esta vez ella está noventa por ciento equivocada!

Y tu diez por ciento de culpa es lo que hace que ella esté noventa por ciento equivocada.

Señor, ¡déjame en paz! ¡Y no me confundas con detalles y datos!

Seguí discutiendo con Dios y le hice una lista de razones por las que mis sentimientos estaban heridos con justificación y por las que Bárbara debía arrepentirse primero. Dios no se lo tragó. Por último me dijo: *¿No eres tú el que le dice a las parejas en las conferencias para matrimonios de FamilyLife que oras con Bárbara todas las noches?*

¡Ese es un golpe bajo, Señor!

Sin embargo, después de esto supe que mis farisaicos argumentos y lloriqueos no servirían para nada. Al final, giré sobre esa helada zona desmilitarizada en el centro de la cama y le susurré a Bárbara: «Mi amor, ¿me perdonas por mi diez por ciento de culpa?».

¡Un momento, yo no dije eso! Aunque no hiciera mucho que estaba casado, ya había aprendido algunas cosas. Tragué saliva y tartamudeé (algunas palabras están cubiertas por velcro y se mantienen en pie gracias a nuestra nuez de Adán). Por supuesto que no quise decir que lo lamentaba. Todavía sentía que tenía toda la razón en nuestra discusión, pero al fin junté valor y dije lo que tenía que decir: «Mi amor, ¿me perdonas?». Esto dio lugar a una amorosa tregua que nos permitió terminar el día orando juntos.

Esta práctica diaria nos ayuda a disolver y resolver desacuerdos, y nos mantiene estrechamente conectados, ¡lo cual no es poco decir para una pareja que vive en el mundo acelerado y estresante de hoy!

¿POR QUÉ ES UNA LUCHA ORAR JUNTOS?

Tal vez estés de acuerdo en que orar juntos como pareja es esencial para brindarle a la familia un liderazgo espiritual, pero también es probable que te preguntes por qué es tan difícil que un esposo y una esposa se tomen de la mano, inclinen la cabeza y busquen la dirección y la ayuda de Dios para una necesidad en particular. En Isaías 65:24 leemos: «Antes que me llamen, yo les responderé; todavía estarán hablando cuando ya los habré escuchado». No tiene sentido que los hijos de Dios rehuyan una fuente tan potente de sabiduría y de poder, pero gran cantidad de parejas lo hacen.

Encuestas que se han realizado en las conferencias para matrimonios de *FamilyLife* muestran que menos de 8% de todas las parejas oran juntos con regularidad; estimamos que menos de 3% de todas las parejas cristianas tienen un tiempo *diario* de oración juntos.

Dios desea que el matrimonio sea una relación espiritual para toda la vida entre tres personas: un hombre, una mujer y Dios. Como Él se encuentra tan íntimamente involucrado, ¿no es natural que desee que las parejas traigan juntas a Él sus necesidades y alabanzas en forma diaria?

Con sinceridad podemos decir que no sabemos qué hubiera sido de nuestro matrimonio, y ni siquiera sabemos si seguiríamos juntos, si no hubiéramos seguido con fidelidad el «sencillo» consejo de Carl desde los primeros días de nuestro matrimonio.

Lo más importante es que esta práctica constante ha reforzado nuestro compromiso de hacer que Jesucristo sea el Señor del hogar de los Rainey. ¿Por qué no habríamos de quererlo? Él es el que dijo: «Si dos de ustedes en la tierra se ponen de acuerdo sobre cualquier cosa que pidan, les será concedida por mi Padre que está en el cielo. Porque donde dos o tres se reúnen en mi nombre, allí estoy yo en medio de ellos» (Mateo 18:19-20).

Los dos hemos hablado con Dios acerca de todo.

¡Los padres necesitan esa clase de influencia! A lo largo de los años, los dos hemos hablado con Dios acerca de todo: de los grandes detalles y de los pequeños, y de todo lo que se encontrara en el medio. Por ejemplo, cuando nuestros varones tenían catorce y doce años, comenzaron a atacarse como luchadores profesionales. El alboroto subió tanto de tono que una noche arrancaron una puerta de sus bisagras.

Luego de disciplinarlos y de hacerles pagar por los daños, hicimos una de esas oraciones desesperadas de los padres: «Señor, nos parece que estamos perdiendo esta batalla con nuestros muchachos. ¿Podrías encontrar la manera de unir sus corazones?».

Varios días después, nuestro hijo mayor, Benjamín, nos dijo que quería hablar con nosotros. La noche anterior había soñado que su hermano moría en un accidente de tránsito. Se despertó llorando porque extrañaba a Samuel. Se sentía culpable porque no valoraba a su hermano como debía y deseaba convertirse en un hermano mayor mejor.

Aunque esta experiencia no terminó con la guerra fraternal, suavizó la batalla. Fue maravilloso ver cómo Dios respondió a nuestra oración orquestando de manera divina aquella circunstancia.

PARA COMENZAR

Algunas veces el paso más difícil es el primero. Si hay luchas para orar juntos como pareja, aquí hay algunas ideas a fin de vencer las inhibiciones que tal vez sientan:

* *Primera, comprométanse a orar juntos todos los días.* En este sentido, insto (Dennis) a los esposos a que tomen la iniciativa. Tengo un montón de tarjetas con direcciones de correo electrónico de hombres que se comprometieron a orar con sus esposas todos los días. A lo largo de los años he escuchado historia tras historia de hombres que vencieron sus temores y «se pusieron en pie» al guiar a sus esposas en oración. Mientras escribo, acabo de escuchar acerca de un triunfador hombre de negocios que, luego de tomar este compromiso hace

un mes, informa que su matrimonio ya está creciendo en intimidad y satisfacción. ¡Hasta sus hijos han notado la diferencia!

Haz este compromiso. Dile a tu cónyuge que de ahora en adelante van a orar juntos todos los días, y envíame tu dirección de correo electrónico a www.family-life.com. Les escribo en forma periódica a los hombres para preguntarles si continúan orando con sus esposas.

• *Segunda, si no saben cómo orar y por qué orar, utilicen el método ACAS.*

La *A* corresponde a *ADORACIÓN*. Adoren a Dios por su amor, su gracia, su perdón y la obra en sus vidas, en su matrimonio y en su familia.

La *C* corresponde a la *CONFESIÓN*. Pónganse a cuentas con Dios con respecto a los pecados que deban confesar antes de presentarle sus peticiones en oración.

La *A* corresponde a *AGRADECIMIENTO*. Denle gracias a Dios por su cónyuge, sus hijos, el trabajo y el hogar. Den gracias por la provisión divina para sus vidas juntos.

La *S* corresponde a *SÚPLICA*. Ahora pídanle a Dios ayuda para esos asuntos que les pesan en el corazón: por ejemplo, un hijo que tiene problemas con ustedes o en la escuela, necesidades físicas y espirituales en la familia y problemas financieros. Diríjanse a Dios con sus peticiones; Él los ama y desea escucharlas. Además, deben tener presente que a Dios no le impresiona el lenguaje religioso. Por lo tanto, tengan en cuenta que sus oraciones al Padre celestial deben ser reverentes, aunque relacional.

SEMILLA ESPIRITUAL N.º 2

Para que la oración se convierta en un hábito se necesita práctica. Así que deja de lado este libro ahora, busca a tu cónyuge (una llamada telefónica da muy buenos resultados si no se encuentran en el mismo lugar), y hagan una breve oración a Dios. ¡Lo único que les pedimos es que no se olviden dónde se quedaron leyendo!

- *Tercera, túrnense para orar.* Uno de los dos puede orar una noche y el otro puede hacerlo a la noche siguiente. O bien, túrnense para orar durante la misma noche. Cuando tenemos luchas en diferentes aspectos en nuestros papeles como esposo y esposa, la oración llega a ser el lugar en el que echamos estas cargas sobre el Señor.

¡La cuestión es *hacerlo!* Si no han orado juntos con regularidad, ¿serían capaces de hacerle un favor a su familia al comenzar hoy con este gran hábito?

3

Dales a tus hijos
de ti mismo

¿Sabes cuál es quizá *el* regalo más valioso que les puedas dar a tus hijos? No es tu auto viejo ni una educación universitaria, ni siquiera tu reputación ni integridad. Todas esas cosas les traerán un beneficio, pero en definitiva tus hijos quieren algo más que tus cosas, tu riqueza y el buen nombre de tu familia. Lo que desean y lo que *más* necesitan es una relación contigo. Desean conocer tu corazón. Te desean a *ti*. Y si no consiguen tenerte es menos probable que conozcan Dios y se entreguen a Él.

Esta verdad acerca de los hijos se ajusta a todas las edades. Recuerdo (Dennis) mi primera «cita» con Ashley cuando tenía tan solo tres años. La llamé de la oficina y le dije: «Hola, princesa, habla papá. Me gustaría mucho tener una cita especial contigo esta noche».

Ashley se rió con nerviosismo. Luego escuché que le decía a Bárbara con mucho entusiasmo en la voz: «¡Papá me quiere llevar a una cita esta noche!».

Al rato, estacioné el auto frente a mi casa, caminé hacia la puerta del frente y llamé. Cuando Bárbara abrió, le dije: «Buenas tardes, señora, ¿su hija se encuentra en casa?». Ashley apareció pavoneándose

En ese momento me derretí como la mantequilla.

con su vestido más bonito. Nos tomamos de la mano mientras caminábamos hacia nuestro viejo auto familiar. Le abrí la puerta y ella subió enseguida.

Mientras conducía, deslizó su bracito alrededor de mi cuello. Fuimos a un restaurante y comimos pastel de chocolate y helado de chocolate bañado con leche con chocolate. Luego fuimos a un cine en el que Ashley se divirtió muchísimo arrastrándose por debajo de los asientos y mirando, de tanto en tanto, la película *Bambi*. Comimos palomitas de maíz. Desparramamos palomitas de maíz. Bebimos refrescos. Desparramamos refrescos.

Cuando regresábamos a casa, iluminados por la luz verde del tablero, le pregunté: «Ashley, ¿qué fue lo que más te gustó de esta noche?».

Me palmeó el brazo con su manita y me dijo: «Estar contigo, papá; solo estar contigo».

Qué lástima que tiramos todas esas palomitas de maíz, porque en ese momento me derretí como la mantequilla.

Hasta el día de hoy, disfruto al salir con nuestras hijas adolescentes. Es la oportunidad que tengo de divertirme con ellas, de enterarme cómo les va y de mantener la comunicación.

Un padre que le prodiga amor a sus hijos involucrándose con ellos de una manera profunda refleja lo que Dios hace por sus hijos: «Con amor eterno te he amado; por eso te sigo con fidelidad» (Jeremías 31:3). Cuando nos brindamos a nuestros hijos sin reservas, los atraemos hacia nosotros. El hijo que conoce el amor de su padre a través de una multitud de experiencias compartidas recibe una muestra de la hermosa relación que Dios desea tener con cada uno de sus amados.

Por lo general, los hijos ven a Dios cuando miran a sus padres. Nuestra influencia y nuestra responsabilidad en este papel son muy grandes. Cuando reflejamos cualidades de nuestro Padre celestial al permitir que el amor de Jesucristo fluya a través de nosotros y hacia nuestros hijos, tenemos éxito como padres.

No proponemos un conjunto de prácticas complicadas, ni teología profunda para que esto suceda. Nuestro consejo se resume en tres sencillas palabras: *tiempo, contacto* y *conversación*. Estas tres palabras hacen que la relación con nuestros hijos sea una realidad. Y a través de esta relación, nuestro hijo comienza a echar raíces en la vida espiritual.

TIEMPO

Todavía no hemos conocido a un niño (ni a un adulto, si lo prefieres) que se sienta muy amado cuando recibe solo explosiones aisladas de «tiempo de calidad». A los hijos no les entra en la cabeza este concepto. Cuando quieren a papá y a mamá, quieren a papá y a mamá.

La crianza de los hijos requiere tiempo. La manera en que se desembolsa ese tiempo varía en la medida que crecen, y cuando los pequeñitos y pequeñitas se conviertan en adolescentes, ¡es probable que quieras que te den algún tiempo de calidad! Sin embargo, la necesidad que tienen de que estés disponible y de que seas flexible con tu tiempo no cambia nunca.

Esto representa un importante desafío en la cultura acelerada de nuestros tiempos, en especial si estás cumpliendo la función de madre o padre soltero. Como el tiempo es finito, debemos establecer prioridades en nuestra agenda. Te animamos a que consideres con cuidado cómo gastas el tiempo y si estás disponible o no para tus hijos.

Mi agenda (habla Dennis) siempre ha sido exigente, pero cuando llegó el momento en que cuatro de nuestros hijos se habían graduado de la escuela secundaria, las responsabilidades de un programa diario de radio, de escribir, de dar conferencias y de viajar comenzaron a mantenerme aun más tiempo alejado de casa. La amonestación amable y persistente de Bárbara fue lo que, al final, hizo que hiciera

SEMILLA ESPIRITUAL N.º 3

Acomoda tu agenda de tal manera que dispongas de una hora o más de tiempo sin interrupciones con cada uno de tus hijos durante la próxima semana. Y cuando estén juntos, toma nota de la maravillosa expresión de gozo que descubrirás en el rostro de tu hijo.

ajustes en mi agenda y retomara la visión a fin de lograr tener una mejor relación con las dos hijas adolescentes que todavía están en casa.

Como resultado, estoy más involucrado en sus vidas y en los problemas que enfrentan: las citas, las presiones de sus pares, los límites, etc. Conclusión: mis hijas adolescentes necesitan un padre que las ame *y* que les diga la verdad. Saben que me preocupo por ellas porque estoy presente, *¡en cuerpo y alma!*

CONTACTO

También puedes hacer que tus hijos se sientan amados dándoles mucho contacto físico. Tanto los abrazos, los besos como las caricias dicen: «eres amado».

Cuando son pequeños, asegúrate de que tus pillines pasen bastante tiempo en tu regazo para abrazarlos. Y aunque deberías abrazar a tus hijos sin necesidad de tener una razón, no dejes de crear momentos especiales de afecto cada día (como los besos de buenas noches). Todavía les damos a nuestros hijos un beso de buenas noches, aunque son adolescentes y adultos.

Cuando llegas a casa luego de un día en el trabajo o de una tarde haciendo diligencias, tienes otra gran oportunidad de ofrecer afecto. Cuando nuestros hijos eran más pequeños, convertimos estos momentos en «la rutina del abrazo de oso». Por ejemplo, yo (Dennis) me acercaba a Débora y decía:

Como padre, nunca debes privarte de estas demostraciones de afecto.

—¿Quieres un abrazo de oso bebé, de osa mamá o de oso papá?

La respuesta era una risita y «un bebé oso». Entonces, la abrazaba con suavidad y pronunciaba un sonido parecido al que pudiera hacer un osito bebé.

Luego, Débora decía con una vocecita suave:

—¡También quiero un abrazo de mamá osa, papá!

Así, esta vez la envolvía con mis brazos, la apretaba un poco más fuerte y decía:

—Mmmmmmmmmmmmmmmm.

—¡Ahora quiero un abrazo de papá oso!

Débora se quedaba muy quieta, con los brazos pegados a los costados y los ojos cerrados. Yo la levantaba, la apretaba como loco y gritaba, en medio de gritos y carcajadas:

—Grrrrrrrrrrrrrrrrrrrrrrrrrr.

Hasta el día de hoy, muchos años después, Débora todavía se ríe y sonríe cuando le pregunto si quiere un abrazo de oso.

Como padre, nunca debes privarte de estas demostraciones de afecto. Cuando tus hijos son adolescentes, quizá parezcas molesto, pero continúa haciéndolo. Todavía necesitan tu contacto físico amoroso.

Un día, yo (Bárbara) aprendí esto de Benjamín, uno de mis adolescentes. Mi «bebé» había crecido y me llevaba varias cabezas; tenía que estirarme para darle un beso en la mejilla. La barba insipiente que me raspaba la cara me recordaba que este casi adulto pronto se iría de casa para siempre. Lo abrazaba, lo soltaba y trataba de retroceder, pero me sorprendía con placer cuando él me sostenía con fuerza. Parecía que pensaba: *No te detengas. Quizá te parezca grande, tal vez parezca que no lo necesito, pero no te detengas, por favor. Esto me encanta aunque no quiera que nadie lo sepa.* ¡Yo no lo soltaba!

CONVERSACIÓN

Muchas veces escuchamos a adultos que dicen: «Me parece que me hubiera llevado mejor con mi mamá y mi papá si al menos hubiéramos conversado».

Ahora tienes la oportunidad de crear un nuevo modelo. Una familia espiritualmente fuerte se construye sobre el cimiento hecho con «el cemento de la relación». Cuéntales a tus hijos cuáles son tus valores, tus expectativas, tus metas y tus sueños para ellos, para tu familia y para ti. Pídeles que te cuenten lo que les preocupa y cuáles son sus sueños y metas. Las palabras en sí no son las que comunican amor, sino una conversación con tus hijos que les muestre un profundo interés y el fuerte deseo de ser parte de sus vidas.

La conversación se convirtió en algo aun más importante en los días que siguieron a los ataques terroristas contra las Torres Gemelas y el Pentágono. Laura, que en ese momento tenía dieciséis años, deseaba saber si esto era el comienzo de la Tribulación. Y Débora, que en ese momento tenía dieciocho, preguntó si había comenzado la Tercera Guerra Mundial. Ambas preguntas llevaron a una sana discusión acerca de sus temores y del futuro. También tuvimos la oportunidad de recordarles aspectos del carácter de Dios: su gobierno soberano, su misericordia, su amor y el deseo que tiene de que le hablemos del evangelio a otros. Todas estas conversaciones fueron posibles porque tenemos una buena relación con nuestras hijas.

> *La conversación quizá resulte un desafío durante la adolescencia, pero en ese momento es más importante que nunca.*

Esta conversación amorosa comienza mientras su bebé todavía está en el útero. Crece y madura a lo largo del desarrollo del niño; cuando tu hijo llega a la edad adulta, se pueden comunicar como amigos.

La conversación quizá resulte un desafío durante la adolescencia, pero en ese momento es más importante que nunca. Muchos adolescentes, en especial los varones, parecen no demostrar ningún interés en hablar. Aun así, no se dé por vencido. Debes perseguirlos con persistencia y amabilidad. Prepárate para esos momentos en los que los cambios de humor y las palabras les salen a borbotones de la boca. Préstales toda la atención del mundo; escucha antes de responder.

Nunca olvidaremos la lucha que tuvimos cuando uno de nuestros adolescentes no deseaba hablar con nosotros. Iniciar una relación era un desafío constante porque le parecía que podía arreglárselas sin nosotros. Una y otra vez nos recordábamos el uno al otro que éramos los adultos y que nuestro hijo era el adolescente, y que lo que necesitaba de nosotros era madurez, amor adulto y no rechazo inmaduro.

En estas situaciones, es fácil sentirse herido y rechazado, pero es lo contrario de lo que necesitan tus adolescentes. Amamos a nuestro hijo y seguimos buscando una relación. No fue fácil, pero nos mantuvo conectados e involucrados en su vida. Al final, él se benefició porque tuvo padres que nunca dejaron de amarlo, ni de creer en él. Nos parece que la relación que tuvimos quizá lo mantuvo alejado de muchos problemas.

El modelo que seguimos en cuanto a estar disponibles y darles a nuestros hijos de nosotros mismos es el mejor. Jesús dijo: «Mira que estoy a la puerta y llamo. Si alguno oye mi voz y abre la puerta, entraré, y cenaré con él, y él conmigo» (Apocalipsis 3:20). Ese cuadro de un Dios amoroso que llama y espera, deseoso de entrar a una vida, es la manera en que deberían vernos nuestros hijos. Así como lo hace el Señor, lucha siempre para darles a tus hijos de ti mismo.

4

ALIMÉNTATE
COMO SE DEBE

¿Contiene tu dieta los nutrientes adecuados para mantenerte saludable?

El gobierno exige una lista de valores nutricionales en los envases de alimentos y bebidas. A la mayoría nos interesa el total de calorías por porción y en especial queremos saber si provienen de las grasas «buenas» o «malas». Es probable que a un atleta le interese más la cantidad de carbohidratos. Una persona que lucha contra una enfermedad evalúa la presencia de ciertas vitaminas o de fibras. A otros les preocupa más el colesterol.

Tal vez nuestra lista favorita de valores nutricionales aparezca en las botellas de agua envasada: ¡puros ceros, nada! ¡El sueño de todo el que hace dieta!

Así como la lista de valores nutricionales da buen resultado en cuanto a los alimentos que nuestro cuerpo requiere, ¿qué tal si existiera una lista similar con respecto a otros productos, una que evaluara su contenido espiritual? ¿Qué me dices si cada programa de televisión, cada libro, vídeo o disco compacto de música revelara el porcentaje de su «dosis diaria recomendada» de necesidades espirituales como la santidad, la verdad, el perdón, el carácter, la perseverancia, la gracia, la justicia, el fruto del espíritu, el arrepentimiento, etc.? ¿Cómo se calificaría cada producto (incluido este)?

Menos de cuatro de cada diez cristianos nacidos de nuevo leen la Biblia a solas en una semana típica.

Es lamentable, pero la lista de valores espirituales de los programas televisivos de mayor audiencia de la actualidad no se compara ni siquiera con la lista de ceros de la botella de agua. La etiqueta de la mayoría de los programas revelaría ingredientes que son muy dañinos para los valores espirituales. Muchas otras producciones de los medios de comunicación ostentarían la misma pobreza.

Sin embargo, existe un «producto» que garantiza proporcionarle a cada miembro de tu familia la perfecta combinación de nutrientes espirituales: la Biblia.

Es una tragedia que, aunque la mayoría de los cristianos de hoy dicen sentir un profundo aprecio por la Escritura, al parecer no se dan un banquete de la Palabra. El investigador George Barna informó a comienzos de 2001 que menos de cuatro de cada diez cristianos nacidos de nuevo leen la Biblia a solas en una semana típica[2]. A esto se le llama morirse de *hambre*. Una encuesta que realizó *FamilyLife* en iglesias de todo Estados Unidos muestra que dos tercios de las parejas leen o comentan juntos la Biblia de vez en cuando (si es que lo hacen). Tan solo quince por ciento comenta la Biblia varias veces a la semana o más[3].

Si quieres tener una familia espiritualmente sana, debes asegurarse de que cada miembro consuma una dieta saludable de la eterna Palabra de Dios.

Ya decidirás cuál es la mejor manera de implementarlo. Te ofrecemos algunas de nuestras ideas, pero así como los gustos individuales en cuanto a comidas, platos y formas de cocinar varían mucho, también varían los métodos para consumir la Escritura. La manera en que se coma no es lo importante, pero debemos asegurarnos de consumir los requerimientos diarios todos los días.

LO QUE LA BIBLIA DICE ACERCA DE LA BIBLIA

Si necesitas convencerte de la importancia que tiene la Escritura en tu dieta espiritual, considera este versículo:

¡Vengan a las aguas todos los que tengan sed!
¡Vengan a comprar y a comer los que no tengan
dinero! Vengan, compren vino y leche sin pago

alguno. ¿Por qué gastan dinero en lo que no es pan, y su salario en lo que no satisface? Escúchenme bien, y comerán lo que es bueno, y se deleitarán con manjares deliciosos. (Isaías 55:1-2)

Los Salmos están llenos de declaraciones que nos instan a consumir la «ley» de Dios, su Palabra, para nuestro propio bien:

La ley del SEÑOR es perfecta: infunde nuevo aliento. El mandato del SEÑOR es digno de confianza: da sabiduría al sencillo. Los preceptos del SEÑOR son rectos: traen alegría al corazón. El mandamiento del SEÑOR es claro: da luz a los ojos. (Salmo 19:7-8)

En su angustia clamaron al SEÑOR, y él los salvó de su aflicción. Envió su palabra para sanarlos, y así los rescató del sepulcro. (Salmo 107:19-20)

Sabemos que desde pequeño, Jesús conocía la Palabra de Dios en profundidad. Más tarde, al entrar en su ministerio y resistir la tentación de Satanás, dijo:

«Escrito está: "No solo de pan vive el hombre, sino de toda palabra que sale de la boca de Dios"». (Mateo 4:4)

Pedro explicó que la esencia de nuestra vida espiritual y de nuestra salud es el resultado de la Palabra de Dios:

Pues ustedes han nacido de nuevo, no de simiente perecedera, sino de simiente imperecedera, mediante la palabra de Dios que vive y permanece. (1 Pedro 1:23)

Podríamos añadir páginas y páginas de versículos similares que hablan a gritos de la importancia de darle a nuestras vidas la nutrición espiritual que se encuentra en la Escritura. ¡Nunca muramos de hambre! Y asegurémonos de que nuestros hijos aprendan desde temprana edad a darse un festín con la sabrosa y completa dieta de la Palabra de Dios.

CÓMO DESARROLLAR BUENOS HÁBITOS DE ALIMENTACIÓN

Cada padre y madre debe encontrar las mejores maneras de servir la Palabra en su hogar. Aun después de más de veinte años de ser padres, todavía seguimos descubriendo nuevas formas de presentar la Escritura. Considera la posibilidad de implementar algunos de los siguientes métodos para incluir más de la Biblia en la dieta diaria de tu matrimonio y de tu familia:

* *Lean la Escritura el uno al otro como pareja.* No necesitas ser teólogo ni erudito en Biblia. Solo abre el Libro y

léelo. Prueba con un salmo por día. Muchos hombres, en particular, se ponen muy nerviosos por tener que ser los «líderes espirituales de la casa». El liderazgo espiritual es un proceso de toda la vida. Nadie lo hace a la perfección. Lo más fácil es no hacer nada. No seas pasivo, ¡haz algo! Nos gusta turnarnos para leernos la Biblia en voz alta el uno al otro, ya sea en nuestro dormitorio o en esas raras ocasiones en que nos encontramos solos en el auto.

- *Memoricen la Escritura.* Todos los miembros de la familia pueden hacerlo, pero en especial los niños tienen la capacidad de almacenar grandes porciones de la Palabra de Dios. Se encuentra disponible una gran variedad de canciones con versículos bíblicos y otros métodos de memorización en todas las librerías cristianas y en Internet.

- *Lean la Biblia a la hora de comer.* Esta es otra buena manera de servir la comida espiritual. Cuando los hijos sean lo bastante grandes, guíenlos a que también lean. No es necesario dar un sermón ni hacer una exposición acerca de cada versículo. Solo dejen que la Palabra eche raíces en cada corazón. Si existen comentarios o preguntas, dediquen tiempo para escuchar a cada uno y para conversar al respecto.

- *Miren y comenten vídeos cristianos.* Muchos de los excelentes programas en vídeo que se encuentran disponibles hoy en día (en especial los destinados a niños pequeños) estimularán las preguntas acerca de la Biblia y de temas espirituales.

- *Incluyan a su adolescente en un estudio bíblico.* He estudiado (Dennis) Proverbios con cada uno de nuestros hijos durante su adolescencia. Por lo general, salíamos de casa temprano antes de la escuela y conversábamos acerca de un pasaje mientras saboreábamos una rosquilla.

  Esta es una estupenda manera en la que un padre puede hablar de temas específicos pertinentes a la vida de su adolescente. Durante un estudio con una de nuestras hijas, Rebeca, le mostré cómo Proverbios pinta con crudeza el cuadro de una mujer pecadora que usa sus poderes sexuales para atrapar, seducir y en definitiva destruir a un hombre joven. Pude explicarle cómo cada mujer tiene una habilidad única, otorgada por Dios, para influir a través de su sexualidad a un hombre que se siente atraído hacia ella. Una joven debe entender esto y no usar mal su poder, sino que debe conservarlo de manera apropiada hasta que se case.

  Una primavera invité a otro padre y a su hija para que se unieran a nosotros en el estudio de Proverbios. No solo se benefició la otra hija, sino que la responsabilidad mutua de hacer el estudio cada semana fue saludable para nosotros, la madre y el padre.

- *Exhiba la Escritura*. Esta idea, por supuesto, se origina en el desafío lanzado a los padres en Deuteronomio de poner las palabras de verdad en todas partes: «en los postes de tu casa y en los portones de tus ciudades» (véase Deuteronomio 6:6-9).

  Escribe pasajes de la Escritura y cuélgalos por toda la casa. Escribí (Bárbara) con letra caligráfica un versículo en el borde superior de las paredes de la cocina. Todos nuestros hijos tienen los Diez Mandamientos enmarcados en sus habitaciones.

  Pega un versículo especial para cada hijo en el espejo del baño. Compra cuadros con versículos bíblicos. Escucha música de alabanza basada en versículos bíblicos. Utiliza protectores de pantalla con textos en las computadoras. Las opciones son muchas, sé creativo.

- *Hagan de esto un esfuerzo de equipo*. A lo largo de los años hemos visto la necesidad de que ambos convirtamos a la Escritura en una prioridad en nuestro hogar. Le he leído (Bárbara) la Biblia a nuestros hijos tanto de la versión formal como de otras informales. Y en alguna ocasión alenté a Dennis para que fuera más activo en la tarea de guiar a la familia a leer la Escritura, memorizar versículos y aplicar la Biblia a los problemas que enfrentábamos. Dicho esto, debo agregar que conozco a muchos padres solos que han hecho un trabajo magnífico al capacitar a sus hijos en la Palabra de Dios. ¡Se puede hacer (el Señor es un gran compañero de equipo)!

Todos estos enfoques son maneras eficaces de alimentar el crecimiento espiritual de sus hijos. Sin embargo, ten cuidado de no confiar demasiado en ningún método en especial. Está atento a las oportunidades de enseñar y aplicar la Escritura en las circunstancias diarias. La desilusión ante un amigo que se va lejos puede usarse para enseñar el principio de dar gracias en todo. La dificultad con una materia en la escuela puede guiarnos a orar pidiendo sabiduría y paciencia. La rivalidad entre hermanos ofrece la oportunidad de enseñar lo que la Biblia dice acerca del perdón. Una noche en la que contemplamos las estrellas puede usarse para ilustrar el poder y el amor asombroso de Dios.

SEMILLA ESPIRITUAL N.º 4

Durante la rutina de las veinticuatro horas siguientes, está atento a las oportunidades de presentarles la Escritura a tus hijos. ¡Fíjate a quién se le ocurren más ejemplos, si a ti o a tu cónyuge!

Cuando enseñamos a nuestros hijos a conocer la verdad de la Palabra de Dios, estamos protegiendo sus corazones contra el mal.

Quizá algunas veces parezca que a los hijos no les interesa la Biblia, pero descubriremos que cuando lleguen a la escuela secundaria adonde comienza la verdadera prueba de la fe, los hijos mayores comenzarán a hacer preguntas como: «¿Qué dice la Biblia acerca de la evolución?» o «¿Qué enseña la Biblia en cuanto a relacionarse con el sexo opuesto de una manera honrosa?».

Hemos tenido animadas conversaciones en la mesa a la hora de la cena en las que, algunas veces, yo (Dennis) hice el papel de abogado del diablo para ayudarles a nuestros hijos a solidificar sus creencias. Los condujimos a la Biblia y ellos comenzaron a descubrir la verdad por su propia cuenta. Allí fue cuando las raíces de su fe crecieron más.

Un componente esencial para desarrollar una familia de fe es la dieta espiritual. Aprovecha cada oportunidad para servir generosas porciones del alimento perfecto: la Palabra de Dios.

5

ESTABLECE EL RUMBO

El difunto caricaturista Charles Schultz era un experto en infiltrar lecciones de vida en sus tiras cómicas de «Snoopy».

En una de las historietas, vemos a Charlie Brown sentado cerca de la parte delantera de un bote. Lucy se dirige hacia él y le dice con su habitual mordacidad: «Algunos van por la vida con la silla de playa mirando hacia delante; se fijan hacia dónde van. Otros van por la vida con la silla de playa mirando hacia atrás; se fijan dónde han estado». Entonces Lucy mira directamente a las gafas de sol de Charlie Brown (uno ya sabe que está lista para lanzar uno de sus misiles). «Charlie Brown, ¿hacia dónde mira tu silla de playa?»

Charlie Brown le echa una de sus miradas lastimeras y confundidas, y responde: «En realidad, no lo sé; ¡nunca he podido llegar a abrirla!».

Es lamentable, pero hay muchas familias que son como el pobre Charlie: andan por el mar a la deriva en cuanto a sus decisiones, sus valores, sus actividades, sin poder abrir sus sillas de playa.

Te animamos a que, como capitán y primer oficial del «barco» de tu familia, dediquen el tiempo para trazar un rumbo que los lleve al genuino crecimiento espiritual.

VALORES DE VIDA O MUERTE

El primer paso es definir juntos los valores por los que la familia estaría dispuesta a morir. Los dos deben estar de acuerdo en este aspecto a fin de que sean capaces de responder una importante pregunta: ¿Para qué queremos *vivir* como familia?

Jesús hizo varios comentarios que deberían ayudarlos a responder:

¿De qué sirve ganar el mundo entero si se pierde la vida? ¿O qué se puede dar a cambio de la vida? (Mateo 16:26).

Así que no se preocupen diciendo: "¿Qué comeremos?" o "¿Qué beberemos?" o "¿Con qué nos vestiremos?" Porque los paganos andan tras todas estas cosas, y el Padre celestial sabe que ustedes las necesitan. Más bien, busquen primeramente el reino de Dios y su justicia, y todas estas cosas les serán añadidas. (Mateo 6:31-33)

Es evidente que no podemos dejarnos llevar por la corriente y aceptar los valores huecos de nuestra cultura materialista: una carrera, un auto, una gran casa en un barrio aristocrático, dinero, éxito, etc. Sin pensarlo demasiado, muchas familias cristianas hacen exactamente lo mismo que sus vecinos o sus amigos de la iglesia. No se preguntan: «¿Por qué hacemos lo que hacemos?».

El verdadero norte

Al poco tiempo de comenzar nuestra familia, Dennis comenzó a escribir una lista de todo lo que quería asegurarse de enseñarles a nuestros hijos. Al comienzo, la lista tenía veinticinco valores, pero muy pronto creció a más de cincuenta. Fue un buen ejercicio, pero *cincuenta*... ¡eso era abrumador! Además, yo me sentía frustrada porque Dennis la había hecho casi en su totalidad sin mi participación. No era que me dejaba afuera a propósito; simplemente actuaba respondiendo a la inspiración.

Entonces, luego de unos meses, nos fuimos de casa durante un fin de semana y escribimos por separado lo que cada uno deseaba construir en nuestros hijos. A continuación, cada uno escogió diez prioridades en la lista de valores. Luego nos juntamos y trabajamos para unificar las listas y llegar a escoger los cinco valores fundamentales. En aquel entonces, disfrutamos un tiempo maravilloso en nuestra relación y al mismo tiempo establecimos el «verdadero norte» en nuestro rumbo como padres. A partir de entonces, cuando han surgido problemas con nuestros hijos, esta lista nos ha dicho si estábamos siguiendo el rumbo o si andábamos a la deriva.

Muchos padres, sin embargo, nunca se han detenido a pensar hacia dónde se dirigen con sus hijos. Sabemos que muchas madres y padres *dicen* que tienen un plan para el desarrollo espiritual de sus hijos, pero no están en condiciones de explicarlo con claridad. El plan de ellos no está escrito.

> *«Si no sabes a dónde vas, caerás una y otra vez en el mismo lugar».*

Se dice que la estrella de béisbol Yogi Berra una vez dijo: «Si no sabes a dónde vas, caerás una y otra vez en el mismo lugar». ¿Esta frase te describe como padre?

PRIORIDADES ESPIRITUALES

Lo que expresamos aquí no está de acuerdo con aquello de: «Quiero que mi hijo entre a una buena universidad o encuentre un buen trabajo después de la secundaria», por más importantes y valiosas que puedan ser estas metas. Estamos hablando de hacer una lista de prioridades espirituales para sus hijos que perseguirán a cualquier costo. En definitiva, lo que quieren es que sus hijos encuentren el llamado y la misión espiritual que Dios tiene para ellos.

Una de las principales metas de todo padre o madre debe ser guiar a cada uno de sus hijos a una relación personal con Jesucristo como Señor y Salvador. Para esto, es necesario comunicar varias verdades básicas:

- Los hijos deben comprender quién es Dios y de qué manera los ama en forma personal:

  Porque tanto amó Dios al mundo, que dio a su Hijo unigénito, para que todo el que cree en él no se pierda, sino que tenga vida eterna. Dios no envió a su Hijo al mundo para condenar al mundo, sino para salvarlo por medio de él. (Juan 3:16-17)

- Los hijos deben entender que son pecadores necesitados del perdón de Dios:

  Porque la paga del pecado es muerte, mientras que la dádiva de Dios es vida eterna en Cristo Jesús, nuestro Señor. (Romanos 6:23)

- Los hijos deben entender que el perdón de Dios por sus pecados se recibe a través de la gracia de Dios mediante la fe en Jesucristo:

  Porque por gracia ustedes han sido salvados mediante la fe; esto no procede de ustedes, sino que es el regalo de Dios, no por obras, para que nadie se jacte. (Efesios 2:8-9)

Cuando escribimos los valores de nuestra familia años atrás, no solo descubrimos quiénes éramos y qué era lo que valorábamos, sino que también avanzamos un buen trecho hacia la respuesta de una pregunta crucial: ¿De qué manera medimos el éxito? Nuestros hijos no son robots espirituales; deben tomar sus propias decisiones. Como padres, nuestra responsabilidad es criarlos de acuerdo con las instrucciones del Señor.

Lo que es en verdad importante es que tú y tu cónyuge dependan de Dios en oración.

Es natural que los valores y metas espirituales de tu familia difieran en algunos aspectos de los de otras familias; pero lo que es en verdad importante es que tú y tu cónyuge dependan de Dios en oración y machaquen sobre los valores esenciales de su familia.

Una vez definidos los valores más importantes, el siguiente paso, ser más específicos en cuanto a problemas menores, resulta más fácil.

Cuando se hayan puesto de acuerdo acerca de los valores familiares, tendrán que esforzarse para mantenerlos enfocados. Habrá que revisar estos valores al menos una vez al año. Además, a medida que la familia madure, se producirán cambios en los valores, así que debes mantener una comprensión fresca de hacia dónde necesita tu familia que la conduzcas.

ENTREGA EL TESTIGO

¿Recuerdas aquella lista de veinticinco cosas que deseábamos enseñarles a nuestros hijos? Todavía llevo (Dennis) mi ajada copia que contiene en forma clara
las prioridades principales en las
que Bárbara y yo nos pusimos
de acuerdo. Algunas veces, luego
de hablar de este tema, la gente
viene y me pregunta: «¿Podría
darme una copia de su lista?».
Siempre digo que no, pues creo
que los padres se benefician más
creando su propia lista.

SEMILLA
ESPIRITUAL N.º 5

*Elige una noche dentro de
las dos semanas próximas
en la que puedan sentarse
tú y tu cónyuge en las
sillas de playa (o en el
sillón de la sala) para
crear una lista de valores
prioritarios para sus hijos.
(¡Y si no se ponen de
acuerdo, ¡resiste la tentación de tirar a tu cónyuge
por la borda!).*

Sin embargo, tal vez sirva de ayuda si les damos tres
de los valores principales que tenemos en nuestra lista de
prioridades como padres:

- Enseñarles a nuestros hijos a temer a Dios (Proverbios
  1:7).

- Enseñarles a nuestros hijos a amar a Dios con todo el
  corazón (Mateo 22:37).

- Desafiar a nuestros hijos a que participen en el cumpli-
  miento de la gran comisión (Mateo 28:18-20).

Como padres, debemos entender que estamos en lo que equivale a una carrera espiritual de relevos (véase Salmo 78:1-8). Hemos corrido nuestro trecho y ahora debemos entregarles el testigo a nuestros hijos. La manera en que se lo entreguemos determinará en parte la forma en que la siguiente generación seguirá a Cristo. ¡Qué honor! ¡Qué responsabilidad! ¡Qué privilegio!

Abramos esas sillas de playa y disfrutemos de la vista que nos ofrece un barco que se mueve en la dirección correcta.

6

ENAMORA A TU CÓNYUGE

Detestamos decirlo, pero algunas veces lo peor que le puede pasar al amor de una pareja es que se casen. *¡Ay!* ¿Por qué tiene un capítulo acerca del enamoramiento en un libro sobre cómo conducir a la familia en lo espiritual? ¿Qué tiene que ver esto con criar hijos en la fe?

Todo. Para guiar espiritualmente a una familia, el esposo y la esposa deben formar un equipo íntimo. ¿Cuánto trabajo valioso de equipo puede haber si la relación entre mamá y papá es aburrida, tensa o fría?

El amor implica la mezcla apasionada de dos almas: un par de almas y espíritus gemelos que disfrutan de estar el uno con el otro. Es cierto que el enamoramiento debería fluir de una relación en la que el esposo y la esposa crecen juntos de forma espiritual, pero también creemos que el crecimiento espiritual tiene mejores posibilidades en un matrimonio en el que cada uno disfruta del otro. Un corazón que tiene el calor del amor y la devoción de su cónyuge está más dispuesto a recibir el amor y la instrucción de Cristo.

Aunque no cabe duda de que el enamoramiento debería incluir música, flores y veladas mágicas, cuando decimos «enamora a tu cónyuge», en realidad nos referimos a nutrir tu relación a diario a fin de que nunca mueran el entusiasmo, la diversión, la chispa, la conversación y la pasión. Esto no quiere decir que en cada momento de todos los días sintamos que nos consume un fuego emocional abrasador, pero tampoco debe mojarse la madera ni apagarse la fogata.

Nos encanta lo que dice Alan Loy McGinnis en *The Romance Factor*: «Para ser un artista en enamorar no se necesita tanto una naturaleza sentimental ni emocional, sino reflexiva. Cuando pensamos en las cosas románticas, pensamos en acontecimientos que ocurrieron porque alguien se decidió a amar. Un hombre [...] le trae a su esposa una sencilla rosa al terminar el día, una muchacha le hace [al amor de su vida] un pastel de limón con el grado de acidez exacto, tal como a él le gusta [...] Estas no son sensiblerías, son esas cosas que provienen de la resolución y de la determinación»[4].

Aquí tenemos dos palabras clave: *resolución* y *determinación*. El enamoramiento es como cualquier otra cosa que sea digna de poseer: se encuentra en la dimensión de la dulzura y la perseverancia.

Los desafiamos a que ambos consideren las siguientes ideas para tener un matrimonio más romántico.

ESTUDIA A TU CÓNYUGE

En las próximas semanas y meses, determina las tres necesidades primordiales de tu cónyuge; luego, haz todo lo posible para satisfacerlas. ¿Sabes lo que desanima a tu cónyuge? ¿Sabes qué lo haría florecer? ¿Se trata de una necesidad emocional? ¿Necesitas conversar? ¿Necesitas romance? ¿O necesitas que haga algo en la casa? ¿Hay algún asunto que debas perdonar? Tal vez se trate de algo rutinario como sacar las malezas del jardín, ayudar a acostar al bebé o limpiar la cocina luego de la cena.

Lo que hemos hecho a lo largo de los años es confeccionar una lista de las acciones que en verdad le agradan al otro. Muchas veces estamos tan dedicados a detectar las cosas que tienden a inmiscuirse en la vida del cónyuge, que el matrimonio comienza a parecerse a una institución que tiene como fin reformar al compañero o a la compañera. Desde el punto de vista espiritual, es probable que descubras que a tu cónyuge le interesa más crecer junto a ti en una relación íntima con Dios si a ti te interesa crecer en la

SEMILLA ESPIRITUAL N.º 6

Escribe por lo menos tres cosas que sepas que le mostrarán amor a tu compañero del alma, ¡luego hazlas realidad lo más pronto posible!

intimidad con él. Al hacer una lista de las cosas que comunican amor, enamoramiento y afecto por tu cónyuge, le estás diciendo: «Pienso en ti. Me gustas. ¡Deseo ser el único compañero de tu alma!».

INVITA A SALIR A TU CÓNYUGE, DALE UNA OPORTUNIDAD AL ROMANCE

Una de las razones por las que desaparece el fuego de la relación matrimonial es que estamos demasiado ocupados y preocupados con las presiones de los viajes compartidos en auto, las del trabajo, las necesidades de los hijos y los desafíos financieros. Muchos están exhaustos debido a las demandas de la vida. En términos prácticos, queda poco espacio para cultivar nuestra relación matrimonial y, por lo tanto, no se le da una oportunidad al enamoramiento.

Nuestros hijos saben que la relación entre nosotros es una prioridad.

Una solución es establecer una noche para salir como pareja. Durante casi quince años, el domingo por la noche ha sido nuestra noche para salir. Es más, si aún no nos hemos ido de la casa a las seis de la tarde, nuestros hijos comienzan a preguntar si no vamos a salir. *Saben* que la relación entre nosotros es una prioridad.

Les advertimos algo: a veces, en nuestras citas no bulle el enamoramiento. Jamás olvidaré (Bárbara) la salida de un domingo por la noche. Uno de nuestros varones adolescentes se negaba obstinadamente a colaborar. Su actitud me había agotado y necesitaba enfocar el problema de una forma más amplia. En lugar de disfrutar el uno del otro, hablamos sin parar durante tres horas seguidas sobre cómo deberíamos tratar a este hijo. Luego oramos. No nos miramos a los ojos, ni siquiera echamos un vistazo a nuestras agendas. No hablamos de nosotros. No hicimos otra cosa que no fuera concentrarnos en este problema. Algunas veces, nuestros mejores esfuerzos por encender la chispa del enamoramiento son fútiles, pero si perseveramos, tendremos éxito.

A lo largo de los años, nuestra noche de salida nos ha dado la oportunidad de volver a conectarnos de manera emocional, espiritual y a promover la relación mutua. Y luego de pasar esta velada juntos, los dos sabemos cómo orar por el otro.

TÓMENSE EL FIN DE SEMANA LIBRE

Tener seis hijos en diez años fue uno de los desafíos más grandes para el crecimiento espiritual que tuvimos que enfrentar en los primeros doce años de matrimonio. Una de las maneras de compensar el desgaste emocional era planificar dos o tres escapadas al año. Dos noches lejos de sus hijos no solo le darán tiempo para recordar por qué se casaron, sino que se pueden convertir en un oasis espiritual: un tiempo de renovación y refrigerio del uno con el otro y con Dios.

Los padres que están solos también necesitan esta clase de recreo. Deje a los niños con un familiar o con un amigo de confianza y permítase disfrutar de un fin de semana de retiro. No se sienta culpable; un padre que ha recargado sus baterías puede conducir a su familia con mayor determinación.

Algunos consejos para su escapada de fin de semana vendrían bien. No ocupe todo su tiempo con una agenda cargada que lo tenga de aquí para allá. Dejen que cada uno tenga su tiempo a solas para leer, orar y pasar tiempo con Dios. Oren juntos y oren el uno por el otro. Oren por sus hijos. Hablen acerca de su relación como pareja y de la relación espiritual de ambos con Dios. Establezcan metas para el crecimiento espiritual individual y el de la familia. Saquen los calendarios y transfórmenlos en un reflejo de la prioridad que le dan al enamoramiento, a la intimidad y al crecimiento espiritual como pareja.

Tengo (Dennis) recuerdos especialmente agradables de una de nuestras escapadas románticas. Al recibir una suma de dinero inesperada como llovida del cielo, pude planear un viaje para los dos a Nueva Inglaterra. Yo me encargué de todos los preparativos: el pasaje en avión, el alquiler de un automóvil y la niñera. Una semana antes de partir, le fui dando pistas a Bárbara como si se tratara de un juego. Ella las fue armando como las piezas de un rompecabezas hasta formar un cuadro de lo que sería el destino de nuestro viaje. La deleité con un paseo sin prisa por Nueva Inglaterra que estuvo lleno de caminatas, conversaciones y fotos. Nos recordó el ritmo despreocupado de nuestra luna de miel.

De estas experiencias tan placenteras surge una nueva determinación de trabajar juntos a fin de procurar que la familia se convierta en todo lo que desea Dios. ¡Y hace que el matrimonio sea muchísimo más divertido!

Aquí tienen algunas otras ideas para devolverle las burbujas a su enamoramiento.

> *¡No renuncies al romance en tu matrimonio!*

- Corteja a tu esposa. Si tienes dudas en cuanto a esta necesidad, analiza lo que Dios revela en Cantares. Salomón y su esposa sabían cómo despertar las pasiones del amor que se tenían el uno al otro mediante un cortejo creativo.

- Escríbele a tu esposo una carta de amor a la antigua. No pienses en la carta que a ti te gustaría recibir, sino en la que le gustaría a él.

- Llévale una rosa a tu esposa. Entrégale la flor, tómala en tus brazos, acaríciale con suavidad la cara, mírala a los ojos y dile: «Quiero que sepas que casarme contigo fue lo mejor que pude haber hecho, mi amor. Volvería a hacerlo de nuevo». (Advertencia: ¡Algunos hombres quizá necesiten un tanque de oxígeno a mano con fines de resucitación!).

¡No renuncies al romance en tu matrimonio! Cuanto más cálida sea tu relación, mejor marcharán como equipo en la tarea de guiar a la familia en el aspecto espiritual.

7

CAPACITA A
TUS DISCÍPULOS

Los padres cumplen muchas tareas importantes con sus hijos: son cocineros, albergadores, médicos, taxistas, entrenadores... la lista es larga. Sin embargo, existe una tarea que muchas veces se pasa por alto o se interpreta mal: la de discipular.

¿Te ves como un formador de discípulos? Si no, aquí tienes una razón por la que deberías hacerlo: Tienes el llamado de hacer «discípulos de todas las naciones» (Mateo 28:19). Y en esta tarea de hacer discípulos, la familia es tu responsabilidad número uno. Es más, a los padres se les ordena de forma específica a que los críen «según la disciplina e instrucción del Señor» (Efesios 6:4).

Los hijos aprenden de sus padres todas las cosas importantes de la vida. ¿Sientes el peso de esta responsabilidad tanto como nosotros? Desde sus primeros momentos, tu pilluelo tiene una maravillosa «antena parabólica» de sentidos que nunca dejan de recoger datos de la gente mayor que anda rondando alrededor de su vida. Cosas así: *¿Cómo hablan las personas entre sí? ¿Cómo se expresa el amor? ¿Cómo presta atención la gente? ¿Quién hace cada cosa en este lugar? ¿Soy importante?*

Nos guste o no, estas notables personitas que Dios pone bajo nuestro cuidado observan, evalúan y almacenan nuestras palabras y acciones. Esta debe ser una de las razones por las que la Biblia enseña cómo debemos instruir a nuestros hijos en cuanto a la fe:

Grábate en el corazón estas palabras que hoy te mando. Incúlcaselas continuamente a tus hijos. Háblales de ellas cuando estés en tu casa y cuando vayas por el camino, cuando te acuestes y cuando te levantes [...] escríbelas en los postes de tu casa y en los portones de tus ciudades.
(Deuteronomio 6:6-9)

Así que, a la hora de construir fortaleza espiritual en nuestros hijos, ¿adivina quiénes son los principales constructores? ¡Los viejos papá y mamá! Sin lugar a dudas, nuestros hijos adquirirán conocimiento espiritual de otras fuentes: de la iglesia y de la Escuela Dominical, por ejemplo; pero los padres somos los que hacemos el mayor impacto debido a que nuestros discípulos están más tiempo con nosotros que con ninguna otra persona.

ENCHUFADOS EN DIOS

Recuerdo una mañana (Dennis) en la que nuestra hija de diez años, Ashley, no quería que yo volara en un avión. Cuando comencé a sacar el automóvil del garaje, Ashley salió corriendo de la casa para darme un abrazo. Estaba seguro de que algo la preocupaba. Me asomé por la ventanilla, le tomé la mano y le pregunté:

—¿Qué te pasa, princesa?

—Tengo miedo de que tu avión se estrelle —dijo. Un accidente aéreo ocurrido poco tiempo atrás en Dallas la asustó.

—Los aviones son más seguros que los automóviles, Ashley —le dije, tratando de transmitirle confianza—. Además, mi vida está en las manos de Dios y Él sabe lo que hace.

A esta altura, Ashley sostenía mi gran mano entre sus dos manitas. El miedo se reflejaba en su carita.

—Ashley, es normal que tengamos miedo, pero puedes entregárselo a Dios —le dije—. Te encuentras en el proceso de aprender a depender menos de mí y más de Él.

Todavía no se veía convencida y sostuvo mi mano con más fuerza que nunca.

—Yo no estaré siempre aquí para responder a tus preguntas, pero Dios sí estará.

En este momento, recibí cierta inspiración para ayudarla a comprender:

—Es como si existieran cables eléctricos que van desde ti hacia mí y hacia tu mamá —le dije—. A medida que creces, nuestra responsabilidad es desenchufar esos cables de nosotros y enseñarte a enchufarlos en Dios.

Tomé una de sus manos y con suavidad «desenchufé» un cable invisible. Ashley frunció el ceño, luego sonrió mientras yo guiaba su mano y la levantaba por encima de su cabeza para ayudarle a visualizar cómo la enchufaba en Dios.

> *Como padre y madre, nuestra tarea es enchufar a nuestros hijos en Dios.*

—Ashley —le dije—, debo irme, y tú tendrás que llevarle tu temor a Jesucristo. Él te puede dar paz.

Como padre y madre, nuestra tarea es enchufar a nuestros hijos en Dios. Nuestro modelo en este proceso es el gran maestro de la historia: el Señor Jesucristo. En un sentido, los discípulos eran su familia. Él vertió su vida dentro de ellos. Les pidió que lo siguieran a todas partes para que pudieran ver cómo vivía. Y mientras andaban, les enseñó lo que necesitaban saber, muchas veces a través del uso de lecciones objetivas memorables basadas en lo que experimentaban juntos. Podemos aprender mucho acerca de cómo capacitar discípulos a partir de su ejemplo.

CAPACITACIÓN BÁSICA

A continuación, presentamos cuatro ideas acerca del discipulado básico:

La capacitación eficaz exige que veamos la meta con claridad. Muchos padres y madres no tienen una idea clara de lo que quieren edificar en sus hijos en el aspecto espiritual. Además de la salvación, ¿qué clase de relación con Dios procuras que tengan tus hijos? ¿Qué esperas que sepan acerca de la Palabra de Dios y de la vida cristiana? ¿Por cuáles valores y cualidades de carácter estás orando?

Ya hemos mencionado la gran importancia de tener una lista con las lecciones espirituales que deseas enseñarles a tus hijos. Se convertirá en una base a la que volverás una y otra vez. Sin embargo, no te detengas allí: Enséñales a tus hijos a caminar con Dios y a obedecerle.

La capacitación eficaz involucra un plan y una estrategia. ¿De qué manera piensas alcanzar las metas espirituales para cada hijo? No necesitas demasiados detalles, pero debes tener objetivos clave anotados y debes revisarlos todos los años.

La capacitación eficaz exige la repetición. Un Boina Verde nos dijo una vez: «Como Boinas Verdes, enseñamos a saber qué hacer en toda circunstancia posible, una y otra, y otra vez. Luego, cuando llega la batalla, sabemos qué hacer. Surge de manera natural». No esperes que tu hijo capte la lección al primer intento, ni tampoco luego de cincuenta intentos. Este es un aspecto agotador de la paternidad, pero sencillamente debes insistir, debes seguir exhortando y animando a tu hijo en las disciplinas que lo ayuden a permanecer en el centro de la voluntad de Dios.

La capacitación eficaz debe incluir normas y responsabilidad. La palabra discípulo es la raíz de la palabra disciplina. Por lo tanto, hacer discípulos incluye una disciplina sistemática y apropiada.

Hay un viejo refrán que dice: No puedes esperar algo de lo que no inspeccionas. A lo largo de todos los años de formación de un hijo, los padres deben seguir trabajando sobre los puntos básicos: la obediencia, el dominio propio, la amabilidad para con los demás, la generosidad, etc. Es evidente que este es un componente crítico para construir la fuerza espiritual. Un error frecuente que cometen los padres es darles a los hijos demasiada libertad sin la supervisión adecuada. Esto sucede con mayor frecuencia en las familias que tienen más de un hijo. Los padres tienden a controlar en exceso al primero y luego se relajan demasiado con el segundo y los otros que siguen.

DISCIPULADO PRÁCTICO

Tal vez, pienses: *Estos son grandes conceptos, ¿pero cómo puedo aplicarlos a fin de que el discipulado en el hogar dé buenos resultados?* Aquí tienes algunos consejos prácticos:

• Ten un devocional diario o una noche a la semana con la familia. Esta es una idea antigua que nunca pasa de moda, y que nunca deja de representar un desafío. La mayoría de las familias cristianas tienen que luchar para hacerlo con constancia y bien (¡lo sabemos de primera mano!). La clave es dejar de lado los sentimientos de incompetencia y cualquier recuerdo de desastres pasados y perseverar.

Hay muchos recursos excelentes disponibles para las noches en familia, como la serie de Heritage Builders [Constructores de la herencia] publicado por Enfoque a la familia. Los últimos años, nuestro devocional diario favorito ha sido *On This Day*, una serie de narraciones que cuentan osados actos de fe que han sucedido a través de la historia.

- Haz un breve viaje misionero con tus hijos mayores. No conocemos una manera mejor de enseñarles a mirar el mundo que a través de los ojos de Jesucristo y de refinar sus valores. Hace algunos años llevamos a tres de nuestros hijos a China y pasamos un tiempo maravilloso hablándole de Cristo a la gente del país y relacionándonos con los misioneros que vivían allí. Hasta entramos Biblias de contrabando al país.

  Sin embargo, no creas que tienes que viajar tan lejos para dar ejemplo del amor de Jesús. Ofrécete como voluntario para servir la comida en algún comedor comunitario de una iglesia. Ofrécete a limpiarle el jardín a alguna anciana de tu vecindario. Puedes crear una experiencia misionera significativa para tus hijos en otro país o en tu propia ciudad.

- Asiste a campamentos y conferencias para la familia. A través de los años, hemos usado los acontecimientos espirituales especiales para «hacer crecer» a nuestra familia. Estos momentos no solo expusieron a nuestros hijos a un tiempo dedicado en especial a la Palabra de Dios, sino que también les proporcionaron oportunidades para conocer a otros grandes seguidores de Cristo. Algunas de las mejores conferencias para adolescentes las realiza *Student Venture*, un ministerio de Cruzada Estudiantil y Profesional para Cristo. Estos encuentros, que se realizan durante los meses de verano o en época de Navidad, desafiarán a tus adolescentes a convertirse en verdaderos seguidores de Cristo. (Para obtener información, dirígete a www.studentventure.org en Internet o llama al 800-699-4678).

SEMILLA ESPIRITUAL N.° 7

Siéntate con tu cónyuge y revisa los consejos que hemos enumerado. ¿Cuál de ellos daría resultado en tu familia? ¿Cuál sería el más productivo? Elige uno o trae tu propia idea, ¡y trata de probarlo esta semana!

Sea cual sea el método que uses, te animamos a que asumas el papel que puede ser el más importante que desarrolles como padre: el de discipular. Ninguna otra persona tendrá una oportunidad mejor que la tuya para formar a un gran seguidor de Jesús.

Chuck Swindoll lo resume de manera elocuente:

Se podrán decir otras cosas acerca del hogar, pero es lo esencial de la vida, el yunque sobre el cual se moldean las actitudes y las convicciones. Es el lugar en el que se pagan las cuentas de la vida, la fuerza más influyente en nuestra existencia terrenal [...] Es en el hogar, en medio de los miembros de la familia, donde aprendemos a aceptar las circunstancias de la vida. Aquí es donde se decide la vida[5].

8

LUCHA CONTRA LA OSCURIDAD

¿Alguna vez has tenido un día en el que te pareció que desde la mañana hasta la noche tú y tu familia se encontraban en una encarnizada batalla contra los «chicos malos» invisibles?

Cualquiera que se encuentre construyendo una familia con vitalidad espiritual debe desarrollar tácticas ofensivas y defensivas contra nuestro enemigo. La Escritura lo dice con claridad: «Pónganse toda la armadura de Dios para que puedan hacer frente a las artimañas del diablo. Porque nuestra lucha no es contra seres humanos, sino contra poderes, contra autoridades, contra potestades que dominan este mundo de tinieblas, contra fuerzas espirituales malignas en las regiones celestiales» (Efesios 6:11-12).

Las líneas de batalla se presentan en todo hogar cristiano en lo que muchas veces parecen cuestiones inocentes. Para demostrarte lo que queremos decir, pasemos una mañana con una familia imaginaria a la que llamaremos los Pérez. Los padres, Jorge y Marcia, son guerreros veteranos que luchan contra el mal. Hace veinte años que están casados, tienen cuarenta y tantos años y dos hijos: Sonia (de dieciséis) y Lucas (de trece).

Suena el reloj despertador de Jorge; son las siete y media de la mañana del sábado. Se levanta de la cama y le da un beso a Marcia antes de salir de la habitación. Le gustaría dormir una hora más, pero después de años de lucha contra el mal a favor de su familia, sabe que si no se mantiene en forma espiritualmente no tendrá la ventaja que necesita.

Jorge pasó treinta minutos leyendo y meditando en la Palabra de Dios, orando y alabando al Rey.

Camina tropezando con montones de ropa para lavar hasta que llega a la cocina; allí desayuna enseguida con un café y una tostada. Luego cierra la puerta de una habitación en el sótano y dedica treinta minutos leyendo y meditando en la Palabra de Dios, orando y alabando al Rey. Además, mira su diario de oración para ver cuáles serán los asuntos espirituales importantes que tal vez enfrente su familia en las próximas veinticuatro horas.

Cuando sube del sótano, Marcia está terminando su tazón de cereales.

—¿Deseas unos minutos para ti? —pregunta—. Yo patrullo la cocina.

Marcia sonríe y asiente para mostrar su consentimiento, luego se dirige al dormitorio para tener su propia preparación espiritual.

Lucas irrumpe en la cocina y casi derriba a Marcia.

—Lo siento, mamá —dice. Saca un tazón de cereales de la alacena—. Hola, papá. Ah, tengo un partido de fútbol a las diez, ¿vendrás?

—No sé si puedo esta mañana, pero mamá irá. Yo iré al partido del miércoles.

—Bueno. Y, papá —Lucas llena su tazón con copos de maíz azucarados mientras habla—, David quiere que después del partido salga con él y pase la noche en su casa. ¿Puedo ir?

—Parece que te vas a divertir. ¿Has terminado tus tareas del sábado?

—No hay problema, puedo terminar con eso antes del partido. Entonces, ¿puedo ir a la casa de David?

—Bueno, cuéntame un poco más. ¿Qué van a hacer esta tarde?

—David dijo que tal vez su mamá nos lleve al centro comercial y veamos una película.

—¿Qué película te parece que van a ver?

—Bueno, David y yo pensamos en *Destino de muerte*: Es una gran película de acción en la que trabaja Kasper Kong.

Jorge recuerda haber visto una propaganda muy violenta de *Destino de muerte* en la televisión.

—¿Será una película que en verdad puedan ver? ¿Cómo está calificada?

—No estoy seguro, papá.

—Te diré lo que haremos, Lucas —dice Jorge—. Me fijaré en Internet para ver qué puedo encontrar acerca de esa película.

Jorge se sienta frente a la computadora familiar y encuentra un sitio en la Web que describe los argumentos de las películas y tiene una lista del material objetable. Tal como sospechaba, *Destino de muerte* está calificada como prohibida para menores de trece años y tiene mucha violencia, un encuentro sexual entre el personaje que representa Kasper Kong y una mujer policía, y mucho uso de lenguaje obsceno. Descubre que el nombre de Jesucristo se usa cinco veces como una maldición.

> «*Me fijaré en Internet para ver qué puedo encontrar acerca de esa película*».

—Ay, caramba —farfulla Jorge mientras se dirige de nuevo a la cocina—. Mira, Lucas, no creo que sea una buena película para ver.

—¡Papá! —una mueca cruza el rostro de Lucas—. Nunca puedo ver las buenas películas de aventura. En la escuela, todos las ven. ¿Qué problema hay?

—Sabes que tenemos reglas en cuanto a lo que ves, Lucas —dice Jorge—. Mira, llamaré a la madre de David y hablaremos del asunto.

—¡No, papá! ¡Eso me da mucha vergüenza! —Lucas se detiene cuando ve la expresión en el rostro de Jorge—. ¡Ah, como quieras!

Lleva los platos al fregadero de la cocina y se va de la habitación.

Jorge se queda mirando el teléfono en la pared. *¡Preferiría que me hicieran un tratamiento de canal dental antes que hacer esto!* Entonces recuerda que solo treinta minutos atrás le prometió al Señor ser el protector de su familia en el día de hoy. «Muy bien, macho, llama de una buena vez», murmura. Llama a la madre de David y se presenta.

—Hola, muchas gracias por permitir que David invite a Lucas a su casa —dice—. Me contó Lucas que tal vez vayan a ver la película *Destiny Death* hoy, y estaba pensando...

—Bueno, todavía no hemos decidido qué película iremos a ver. ¿Esa es buena?

—A decir verdad, me fijé en Internet y descubrí que tiene muchas peleas y malas palabras.

> *Jorge se queda mirando el teléfono en la pared. ¡Preferiría que me hicieran un tratamiento de canal dental antes que hacer esto!*

—¿De verdad? Bueno, entonces tendremos que buscar alguna otra.

—Me alegra saber que está de acuerdo conmigo. Si desea, puedo fijarme un poco más en otras películas nuevas. Tal vez, haya algo mejor.

—Me haría un gran favor. ¿Podríamos hablar al respecto en el partido de fútbol?

—Claro, le diré a Marcia lo que encuentro y ella le puede dar los detalles.

Jorge cuelga, aliviado de no haber tenido problemas con la madre de David. Mira su reloj: las nueve y media. Tiene deseos de dormir una siesta, pero en cambio busca a Lucas y lo encuentra en su dormitorio.

—Bueno Lucas, hablé con la madre de David —dice Jorge—. Ella tampoco quiere que él vea *Destino de muerte*.

Lucas se deja caer en la cama con visible desilusión.

—Papá —dice, con la cabeza baja—, la mayoría de los chicos la han visto y dicen que no es tan mala.

—Sé que uno se siente desilusionado cuando le parece que pierde algo —dice Jorge—, pero mamá y yo debemos decir que no cuando pensamos que es importante. Y en esta ocasión, es importante.

Lucas mira por la ventana, así que Jorge continúa:

—No deseamos hacerte infeliz, Lucas. Tomamos estas decisiones porque te amamos. ¿Lo sabes?

Esta vez, Lucas levanta la mirada.

—Sí, lo sé —dice y después de unos breves segundos vuelve a hablar—. Entonces, ¿David y yo todavía podemos ver una película?

—Claro que sí. ¿Por qué no te preparas para el partido y luego nos fijamos en la computadora y los dos elegimos algo?

—Muy bien. Gracias, papá —dice Lucas y se levanta.

Jorge le alborota el cabello a su hijo. Lucas casi sonríe.

Al volver a la cocina, Jorge encuentra a Marcia abrazando a su hija, Sonia, que llora sobre la mesa.

—¿Qué sucede? —pregunta Jorge.

Sonia levanta el rostro bañado en lágrimas, pero no responde. Marcia le echa una de esas miradas que dicen: sería mejor que nos dejaras a solas. Jorge sabe que Sonia tiene muchas luchas con un novio que es un loco inmaduro. Se pregunta qué nueva crisis habrá surgido. Le hace una seña a Marcia y salen al pasillo.

—¿Qué sucedió?

—Anoche, Sebastián avanzó de verdad físicamente sobre Sonia.

—¿No te parece que ya es hora de que Sebastián se haga humo? —dice Jorge, mientras por el cuello le sube una ola de calor que le enrojece la piel.

—Bueno, déjanos hablar de eso, ¿está bien? ¿Tendrías problema en llevar a Lucas al partido?

Jorge ve que sus planes para el sábado se desintegran.

—No, supongo que no, pero no sé cómo voy a hacer para limpiar el garaje hoy.

—Lo primero, primero, querido —dice Marcia antes de regresar donde está Sonia.

—¡Oye, Lucas! Toma tus cosas, yo te llevo al partido —dice Jorge mientras se pone la gorra de béisbol, toma las llaves del auto y se dirige al automóvil. Entonces se acuerda—. Pero ven conmigo a la computadora primero.

De inmediato, se conecta a Internet. Deben tener una película para recomendar cuando se encuentren con la mamá de David.

¿ESTO ES GUERRA ESPIRITUAL?

¿Encuentras algún parecido entre la historia de Jorge y Marcia y la tuya? Si no lo encuentras, ya lo harás. Cuando teníamos seis adolescentes, nos encontrábamos frente a situaciones como esta a diario. El enemigo de nuestras almas quiere destruir nuestras familias paso a paso, decisión tras decisión. Como padres, nuestra tarea es reconocer la amenaza y presentarle batalla al enemigo que acecha desde afuera y desde adentro. Algunas veces, luchamos bien y otras veces no, pero si deseamos que nuestra familia se desarrolle espiritualmente, debemos luchar.

Aquí tenemos algunos de los males que amenazan nuestro hogar y el tuyo también:

- *Ideas corrompidas que provienen de nuestra cultura*: Por ejemplo, lo que la sociedad nos dice en cuanto a las relaciones interpersonales, el divorcio, el aborto, las relación sexuales fuera del matrimonio, el materialismo, etc.

- *La contaminación de los medios*: Muchos programas de televisión son subidos de tono y los comerciales son, por lo general, terribles; cada vez más, las películas llegan al límite; la música puede ser grosera o increíblemente sugestiva.

- *Internet*: La basura de la pornografía está al alcance de todos con solo hacer clic.

- *Las tiendas para adolescentes que venden algo más que ropa*: Lugares como *Abercrombie & Fitch* promueven afiches y catálogos sugestivos y explícitos con respecto al sexo.

- *El materialismo excesivo*: La constante presión para tener cada vez más.

- *Peligros físicos*: La violación en los noviazgos, las drogas, la violencia indiscriminada en la escuela, una increíble presión en cuanto a la apariencia y al peso (en especial sobre las adolescentes).

- *Otras familias «cristianas»*: Los valores de estas familias se parecen a los tuyos, pero en realidad no son muy diferentes de los valores del mundo.

- *El mal en nuestros corazones*: Todos luchamos contra las inclinaciones de la carne. Como dijo Jesús: «Porque del corazón salen los malos pensamientos, los homicidios, los adulterios, la inmoralidad sexual, los robos, los falsos testimonios y las calumnias. Estas son las cosas que contaminan a la persona, y no el comer sin lavarse las manos» (Mateo 15:19-20).

Nuestro enemigo sabe engañar con astucia. Sin lugar a dudas, esta lista es demasiado pequeña. Permanece en guardia, listo para presentar batalla a favor de tu familia.

PREPARACIÓN PARA LA BATALLA

Como padres, tenemos el llamado de hacernos cargo de los enemigos espirituales de nuestros hijos. Si tú y tu familia desean crecer en lo espiritual, debes saber cómo protegerlos e ir a la ofensiva. Aquí tienes algunas sugerencias.

- Comprende que tú y tu familia viven en un campo de batalla espiritual. La reputación de Dios y la eternidad están en juego en las decisiones que toman tú y tus hijos.

- Comprende que tu cónyuge no es tu enemigo. ¡Vayan a la guerra uno junto al otro en contra de su enemigo común!

- Permanece firme y permite que la Palabra de Dios sea tu guía. Ponte toda la armadura. Estamos del lado de los ganadores, ¡actuemos como tales! (Véase Efesios 6:13-17).

- Ora sin cesar y da gracias en todo. (Véase 1 Tesalonicenses 5:17-18). La oración es uno de los recursos más importantes en la lucha por tu familia.

- No tomes la tentación a la ligera; huye de la inmoralidad. (Véase 2 Timoteo 2:22). ¡Guarda tu corazón! (Véase Proverbios 4:23).

SEMILLA
ESPIRITUAL N.º 8

Si tus hijos son lo bastante grandes, habla con ellos sobre el mal que nos rodea y de cómo pueden hacerle frente con confianza si se ponen «la armadura de Dios». Comienza enseñándoles a orar.

- Camina en fe, no sobre la base de lo que sientes o ves. Como Dios y su Palabra son confiables por completo, nuestra fe es lo que hace que las cosas sean diferentes. Hunde los dientes en la Palabra de Dios y no la sueltes. (Véase 2 Corintios 5:7).

- Une tus fuerzas a las de otros que luchan contra el mal. No seas pasivo; ve a la ofensiva. El cuerpo de Cristo es poderoso cuando nos unimos y usamos nuestros dones y demás recursos.

Si deseamos tener familias espiritualmente fuertes, es de crucial importancia que luchemos contra la oscuridad con armas defensivas y ofensivas. Vamos a ponernos en marcha y a dirigirnos al frente de batalla que, para la mayoría de nosotros, está tan cerca como lo está nuestra cocina.

9

DESCANSA Y REFRÉSCATE

¿Hay para tu familia alguna diferencia entre el domingo y los demás días de la semana? Si no es así, no solo te pierdes el descanso físico, sino la restauración espiritual también. Uno de los principios más profundos y poderosos de toda la Escritura es que el descanso espiritual precede al crecimiento espiritual. Este es el sentido del día de reposo.

Dios sabe que después de seis días de trabajo y esfuerzo, todos necesitamos un paréntesis. Por eso ordenó: «Trabaja durante seis días, pero descansa el séptimo. Ese día deberás descansar, incluso en el tiempo de arar y cosechar» (Éxodo 34:21). Esa es la razón del día de reposo: darnos un tiempo estipulado con regularidad a fin de que descansemos, reflexionemos, analicemos la vida con ojo crítico y encontremos un tiempo de paz en el cual seamos capaces de escuchar con claridad la voz de nuestro Padre.

Este es el momento en el que los padres pueden reagruparse y volver a concentrarse en lo que necesitarán para sus vidas y las de su familia en el aspecto espiritual durante la semana entrante.

Sabemos que en nuestra cultura muchas personas tienen que trabajar los domingos (incluidos, por supuesto, los pastores y el personal de la iglesia que nos ayuda a adorar), pero lo que importa es el *concepto* del día de reposo. Algunos tendrán que tener su día de descanso y de refrigerio otro día que no sea el domingo.

No queremos que nuestros hijos estén tan ocupados que no logren escuchar la suave voz de Dios.

En mi caso (Bárbara), siempre he tenido una fuerte sensación de que el domingo debe ser un día separado para este propósito. Siempre me ha impresionado de manera particular la segunda mitad del pasaje que se mencionó antes: «Deberás descansar, incluso en el tiempo de arar y cosechar». En otras palabras, por más atareada que esté la familia y por más puntos que queden pendientes en la lista de cosas para hacer, debemos tener un período de calma cada semana.

Ajustarse al ritmo del día de descanso quizá sea estresante hasta que uno se acostumbra, ¡bajar el ritmo para descansar tal vez resulte agotador! No es fácil, en especial para una familia grande como la nuestra, pero deseamos que nuestros hijos entiendan que el domingo debe ser algo distinto. No queremos que crezcan y estén tan activamente estimulados y ocupados que no logren escuchar la suave voz de Dios.

A pesar de nuestra determinación, todavía tenemos un largo camino que recorrer para lograr lo que en verdad Dios tiene en mente para el día de descanso. Nos esforzamos por hacer que el domingo sea un día diferente a los demás. Dormimos una siesta, leemos un libro o jugamos algún juego que sea divertido, pero no demasiado exigente; el trabajo en el jardín, casi siempre, está dentro de la zona prohibida. Y, por lo general, Dennis y yo tenemos nuestra salida semanal el domingo por la noche: salimos a comer y nos tomamos tiempo para conversar, planear y volver a poner nuestras vidas en línea con lo que creemos que Dios desea para nuestra familia.

Aquí damos algunos consejos para que formes tu propia experiencia de reposo de calidad:

- Un buen día de descanso comienza, por lo menos, el día anterior. Por ejemplo, si hay que entregar alguna tarea en la escuela el lunes, les pedimos a nuestros hijos que la terminen el sábado por la noche. El domingo vamos a la iglesia. Durante el resto del día, el uso del teléfono está limitado. Eso mantiene a la casa en un mayor silencio, en una atmósfera que induce a tomar una siesta, a leer, a edificar las relaciones interpersonales y a dedicarse a una recreación que no requiera mucho esfuerzo. Por lo general, se evitan las tareas que generen ansiedad como el pago de cuentas o los intentos de hacer un balance de la chequera.

- La adoración es un elemento clave. No dejes de ir a la iglesia y continúa adorando en tu corazón en casa luego del culto. Llena la casa de himnos y de música de alabanza que exalten a nuestro gran Dios.

- Disfruta de un tiempo junto a tu familia. Luego de ir a la iglesia, si pasamos algunas horas en medio de la creación de Dios (haciendo una excursión, pescando o jugando en un parque), podemos encontrar una maravillosa manera de refrescar el alma y de restablecer las relaciones en una familia atareada.

- No te pongas tenso. Guardar el día de reposo no debe convertirse en una carga legalista. El principio es lo que importa. En nuestra ajetreada cultura, habrá domingos en los que quizá hagas cualquier cosa menos descansar, pero sigue siendo fiel. Continúa puliendo las maneras de hacer que este sea un día especial de diversión y descanso.

Una vez más se nos recordó la importancia del día de reposo luego de los inolvidables acontecimientos del 11 de septiembre de 2001. Desde el martes por la mañana hasta el sábado por la noche, las pantallas de nuestros televisores estuvieron llenas de imágenes desgarradoras de los ataques al Pentágono y a las Torres Gemelas. Nuestra familia necesitó el domingo, el 16 de septiembre, como un día apartado para adorar a Dios y para orar, a fin de recuperar una visión objetiva. Por cierto, fue un día de descanso que todos necesitábamos.

Si nosotros los seguidores de Jesús buscamos más descanso los domingos, obtendremos mentes más claras, espíritus más relajados y corazones llenos de paz en nuestro hogar. Como resultado, tendremos raíces espirituales más profundas y mayor fruto para Cristo y su reino.

SEMILLA ESPIRITUAL N.º 9

Conversa con tu cónyuge para ver cómo puedes hacer de este domingo (o de otro día de la semana próxima) un tiempo de descanso. Luego, al finalizar el día de reposo, cambia impresiones con respecto a cuán renovado te sientes.

10

GUARDA EL PACTO

«¿Seguirías comprometido con Bárbara si alguna vez cometiera adulterio?»

Ya debes imaginarte cómo me estremecí (Dennis) cuando el amigo que nos estaba dando los consejos prematrimoniales me hizo esa pregunta. Y entonces, antes de que pudiera responder, se dirigió hacia Bárbara y le preguntó lo mismo: «¿Seguirías comprometida con Dennis si algún día se convierte en un adúltero?».

La intención de este hombre fue impactarnos con la seria realidad de lo que significa entrar en un pacto no solo con el hombre o la mujer con la que uno se casa, sino también con el mismo Dios. Para el Dios todopoderoso es muy importante que se guarde un pacto. Él es fiel a su palabra. Él guarda sus pactos. Por lo tanto, si queremos agradarle y, en el proceso crear un entorno en el que el matrimonio y la familia logren florecer espiritualmente, debemos tomarnos muy en serio el pacto matrimonial.

Si estás pensando: *Bueno, no tengo intenciones de divorciarme de mi cónyuge ni de separar a nuestra familia, así que puedo pasar por alto este capítulo*, te dejamos en claro que el pacto no solo se rompe a través del adulterio o del divorcio. Más de un esposo o una esposa han traicionado el pacto de su matrimonio mediante actitudes y acciones dirigidas contra el cónyuge.

Cuando das tu palabra en los votos y entras en un pacto con Dios y con tu cónyuge, tu promesa no se restringe al divorcio. El pacto matrimonial fue una garantía de que ibas a amar, valorar, honrar y cuidar a tu cónyuge, que te sacrificarías por este y que entregarías tu vida a favor del otro. Si esperamos experimentar en nuestra familia el crecimiento y la vitalidad espiritual tal como lo desea Dios, debemos cumplir con los votos sagrados que nos hicimos el uno al otro.

Nos preocupan sobre todo dos amenazas que atentan contra el pacto matrimonial que son destructivas en particular hoy en día.

LA PALABRA D

A fin de que tu matrimonio sea todo lo que puede ser, evita usar la palabra divorcio. No permitas jamás que la palabra *D* salga de tu boca. Promete delante de Dios que a partir de este día nunca dirás esta palabra en ninguna clase de conversación con tu cónyuge.

Las investigaciones indican que una vez que se pronuncia la palabra *D*, se convierte en una posibilidad muy real tanto para el que habla como para el que escucha. Cuando amenazas a tu cónyuge con la palabra *D* y tus hijos llegan a oírlo, es como si les infiltraras una solución intravenosa de miedo. En cambio, usa las palabras *pacto* y *compromiso*.

> *Cuando amenazas a tu cónyuge con la palabra D y tus hijos alcanzan a oírlo, es como si les infiltraras una solución intravenosa de miedo.*

Si ya lo echaste todo a perder y se te escapó de los labios la palabra *D*, ¿nos permites que te animemos a arrepentirte? Pídele a Dios que te perdone. Reúne a tu cónyuge y a tus hijos y pídeles que te perdonen por amenazar con el divorcio o por considerarlo como una opción. Luego, cambia de actitud y extirpa la palabra *D* de tu vocabulario.

En FamilyLife recibimos una carta que explica lo que percibe un hijo en cuanto al divorcio. Esta joven de veintiocho años me escribió (a Dennis) así:

Acabo de escuchar su programa radial [...] y me siento obligada a escribir. Mencionó que recibió una carta de alguien que estaba preocupado porque usted es «demasiado duro» con respecto al divorcio y el corazón se me hizo añicos.

Tengo veintiocho años y soy una mujer profesional soltera. Crecí en un hogar inestable que no era cristiano. Hasta la fecha, he tenido cinco padres y tres grupos de hermanos. Mi madre me llamó el domingo pasado para informarme que está a punto de otorgarme un sexto padre y un cuarto grupo de hermanos. Muy en lo profundo de mi ser entiendo por qué mi Dios detesta el divorcio y por qué nosotros también deberíamos detestarlo. De él no sale nada bueno. Jamás. El divorcio no solo me robó una familia, sino también la confianza en que el matrimonio es algo bueno y deseable. Las uvas que mis padres comieron con tanto placer, a mí me destemplaron los dientes. El divorcio no responde ninguna pregunta, no soluciona ningún problema, no resuelve ningún conflicto, no da respiro, no restaura la dignidad y no otorga paz.

No hay manera de ser demasiado duro en el problema del divorcio, sobre todo en la iglesia de Jesucristo. ¡Bendigo a Dios porque no concibe el divorcio en el pacto matrimonial que estableció entre Él y su esposa! Gracias por su compromiso de enseñarles a los esposos y las esposas a honrar el pacto que hicieron delante de Dios, aunque solo sea por el bien de la próxima generación»[6].

¿Comprendes por qué no queremos usar jamás la palabra *D* ni queremos hacer ninguna otra cosa que amenace nuestro pacto matrimonial?

EL PECADO SECRETO

Este se aplica con mayor frecuencia a los hombres, pero afecta cada vez a un número mayor de mujeres: la pornografía. Es un problema para millones de cristianos hoy en día. Ningún lecho matrimonial tiene lugar para un tercero, pero eso es lo que sucede cuando uno de los dos da lugar a fantasías basadas en imágenes pornográficas.

Si te encuentras enredado en la pornografía a cualquier nivel, debes romper esta atadura mediante el arrepentimiento.

La pornografía es una afrenta a la idea de Dios de un matrimonio santo. Es un adulterio del corazón. Es un engaño. La persona que mira pornografía le está entregando su corazón y sus sueños a alguien que no es su cónyuge. La decisión deliberada de mirar pornografía es un acto de traición al pacto matrimonial.

En una época, la pornografía estaba del todo confinada a ciertas partes de la ciudad o a ciertas clases de revistas; pero ahora, se puede acceder a ella de manera instantánea en su hogar vía Internet.

Si te encuentras enredado en la pornografía a cualquier nivel, debes romper esta atadura mediante el arrepentimiento. Clama al Señor Jesús y pídele su ayuda para librarte de este lazo. Encontrarás gracia, perdón y poder. Además, es muy importante que busques a una persona que te controle y que esté a tu lado en la batalla. Si es necesario, busca consejo. Lo más importante es que se lo confieses a tu cónyuge (la mayoría de los matrimonios necesitarán a un consejero lleno del Señor en este punto).

Creemos que la pornografía es una de las causas principales de la destrucción matrimonial. No permitas que un secreto genere podredumbre en tu vida, en tu matrimonio y en tu familia. ¿Por qué habrías de permitir que semejante cosa se convierta en la puerta de entrada del diablo a tu casa? Dios no permitirá que persistas en semejante pecado sin pedirte cuentas y ajustarlas. Él ve y sabe, pero también ofrece la gracia y el perdón que tú necesitas. Te animamos y amonestamos a que le reveles a tu cónyuge esta lucha a fin de que el crecimiento espiritual y los frutos abunden en tu hogar.

El costo y la gloria

Hace varios años, Bárbara y yo aprendimos a un nivel más profundo lo que nuestro pacto matrimonial puede llegar a requerir en el futuro.

Me encontraba en la oficina cuando me llamó la atención la historia en una revista acerca de Robertson y Muriel McQuilkin. El doctor McQuilkin era presidente del seminario y el instituto bíblico de Columbia (lo que hace veintidós años es la Universidad Internacional de Columbia). Como suele suceder en estos casos, durante todos esos años, Muriel respaldó a Robertson en el frente del hogar y lo sirvió de muchas otras maneras como esposa del presidente. Formaban un equipo ministerial eficiente.

Es triste, pero la salud de Muriel se deterioró; los análisis confirmaron que tenía la enfermedad de Alzheimer. Con el tiempo, sus capacidades fueron disminuyendo y Robertson cada vez tenía más responsabilidades para suplir las necesidades básicas de su esposa; la tenía que alimentar, bañar y vestir. Muriel perdió la capacidad de razonar y comenzó a arrastrar las palabras.

Como las necesidades de Muriel eran cada vez mayores y las responsabilidades de Robertson en la universidad no habían cambiado, se enfrentó a una terrible decisión: ¿Debía internar a Muriel en una institución? Deseaba honrar el llamado de Dios en su vida como presidente del instituto y del seminario, pero también había hecho un pacto de permanecer junto a su esposa sin importar lo que la vida les deparara. En el artículo, el doctor McQuilkin escribió:

Cuando llegó el momento, la decisión fue firme. No tuve que hacer muchos cálculos. Era una cuestión de integridad. ¿Acaso no prometí cuarenta y dos años atrás: «en enfermedad o en salud... hasta que la muerte nos separe»?[7]

SEMILLA ESPIRITUAL N.º 10

Esta noche, tómense de las manos, mírense a los ojos y recuérdense el uno al otro lo comprometidos que están en construir un matrimonio santo y seguro, y una familia igual, pase lo que pase.

Me conmovió tanto la historia de los McQuilkin que llamé a Bárbara que estaba en casa y le leí algunas porciones. Cuando le dije que Robertson optó por renunciar a su puesto de presidente del instituto y del seminario a fin de cuidar a su Muriel, Bárbara comenzó a llorar.

—¿Qué te sucede, mi amor? —le pregunté.

Luego de un largo silencio, Bárbara respondió con la voz entrecortada:

—Dennis, ¿me amarías de esa manera?

—Sí, lo haría —contesté con suavidad, pero sin vacilar.

Estaba completamente de acuerdo con lo que Robertson McQuilkin escribió al explicar por qué renunció a su trabajo y se quedó en casa para cuidar a Muriel:

Sin embargo, no se trató de una penosa responsabilidad a la cual me tuve que resignar con estoicismo. Era lo justo. Después de todo, ella me cuidó durante casi cuatro décadas con maravillosa devoción; ahora me tocaba a mí. ¡Y qué compañera fue! Si la hubiera cuidado durante cuarenta años, aun así no hubiera podido saldar mi deuda[8].

Todos tenemos una deuda como esa con la persona a la que le dedicamos nuestra vida en el altar. Sin embargo, como dijo Robertson, no es una «penosa responsabilidad». Más bien es una oportunidad gloriosa de caminar en los pasos de Jesús y cuidar a uno de sus preciosos corderos. La mayoría de nosotros no tendremos que atravesar una prueba como la de los McQuilkin, ¿pero no te llena de seguridad y confianza saber que hay alguien que te ama tanto que jamás tendrás que enfrentar solo una prueba semejante?

Al guardar el pacto matrimonial en santidad, honrarás a Dios, construirás una torre de fortaleza y estabilidad en la relación, y le proporcionarás gozo y seguridad a cada miembro de la familia.

¡DISFRUTA DE LA ALEGRÍA!

Si te sientes un poquito abrumado por los desafíos que implica desarrollar una familia espiritualmente fuerte, tenemos una palabra de aliento para darte: *¡Disfruta!*

¿Te sorprendes ante la idea de que conducir a tu pequeña banda de peregrinos a través del territorio del enemigo sea una experiencia alegre y hasta *divertida*?

A muchos padres cristianos se les conoce por sus muecas permanentes. ¡Anímate! ¡Levanta los ojos de la sucia planicie de la vida cotidiana hacia un horizonte promisorio! Dios desea lo que tú deseas: la salvación y la vida abundante de tu descendencia y de la descendencia del Señor. Se deleita en ti y en ellos. Anhela derramar sus más ricos beneficios sobre tu pequeña banda. Esto es motivo de celebración, de muchas risas y de espíritus triunfantes en el camino de la crianza de los hijos.

Dios diseñó a la familia para que sea un jardín espiritual que dé flores para hoy y semillas para mañana. Es el lugar más importante adonde se planta la fe y se nutre la esperanza. Este jardín debe soportar las malezas de generaciones anteriores, las sequías presentes y los ataques futuros. Sin embargo, cuando todo lo demás en la cultura perece, la familia consagrada a Jesucristo se mantiene fuerte y disfruta de dulces recompensas, tanto ahora como en las generaciones venideras.

Nuestros propósitos diarios y nuestro nivel de participación cambian a medida que nuestros hijos maduran y, a su tiempo, abandonan el nido. Sin embargo, no deberíamos tragarnos la visión del mundo en cuanto a que nuestro impacto disminuye cuando envejecemos. El salmista escribió: «Como palmeras florecen los justos [...] en los atrios de nuestro Dios. Aun en su vejez, darán fruto; siempre estarán vigorosos y lozanos» (Salmo 92:12-14).

¡Dios quiere que florezcas, que estés vigoroso y verde cuando seas viejo! Crece hoy para que mañana logres disfrutar del verdor. Aférrate a esta verdad a medida que pasen los años: Tu papel como mentor y guía espiritual de la familia es crucial. Los padres tenemos el increíble y feliz privilegio de sembrar semillas santas, no solo en la generación de nuestros hijos, sino también en la de los hijos de nuestros hijos.

Bárbara y yo ya hemos probado algunos mordiscos de la deliciosa fruta que nos espera. Recuerdo muy bien el día en que llevamos a nuestro hijo mayor, Benjamín, a una gran universidad estatal. Juntos salimos del complejo de alojamiento de estudiantes para tomar aire fresco y nos sentamos en la parte trasera de una camioneta. Delante de nosotros desfilaba un río de jóvenes, la mayoría de los cuales estaba bebiendo.

Sentí temor por mi hijo. Deseaba tomar mi «flecha» para guardarla de nuevo en la aljaba y no lanzarla en medio de esta «generación torcida y depravada». Miré a Benjamín a los ojos y le dije: «Hijo, debo decirte que ver a todos estos jóvenes que se arruinan emborrachándose me hace pensar seriamente si es sabio mandarte a este ambiente».

Luego de una pausa, Benjamín levantó los ojos y me miró. «Papá, este es mi campo misionero. Será difícil, pero si fuera fácil estos tipos no necesitarían a Jesucristo. Para esto me prepararon tú y mamá. Dios me ha guiado a este lugar y Él me protegerá».

Los ojos se me llenaron de lágrimas; mi corazón se llenó de un gozo indescriptible. *¡Eso es!* Valen la pena los sacrificios diarios que hacemos en obediencia a Dios al criar a la próxima generación para que cumplan sus propósitos aquí en la tierra.

Queridos mamá y papá: ¡sigan adelante! Si perseveran en aplicar los principios divinos que se encuentran en este libro, también experimentarán momentos de igual gozo. Hagan lo que el apóstol Pablo hacía: «Sigo avanzando hacia la meta para ganar el premio que Dios ofrece mediante su llamamiento celestial en Cristo Jesús» (Filipenses 3:14).

Guía a tu familia a un compromiso firme con Dios y con sus propósitos. Tu jardín familiar dará abundantes frutos espirituales cuando persistas en hacer el bien.

Y recuerda disfrutar del gozo de la travesía.

NOTAS

1. FamilyLife, «Top 10 Most Common Needs», Encuesta de necesidades familiares, National Database, FamilyLife, Little Rock, Arkansas, 2001.

2. Investigación en línea de Barna, «Annual Study Reveals America Is Spiritually Stagnant» [Un estudio anual muestra que Estados Unidos se encuentra espiritualmente estancada], 5 de marzo de 2001. http://wwwbarna.org/cgibin/PagePressRelease.asp?PressReleaseID=84&Reference=B (acceso, el 8 de octubre de 2001).

3. FamilyLife, «Spiritual Activity-Related to Reading/Discussing the Bible» Encuesta de necesidades familiares, National Database, FamilyLife Little Rock, Arkansas, 2001.

4. Alan Loy McGinnis, *The Romance Factor* [El Factor Romance], Harper & Row, Nueva York, 1982, p. 198.

5. Charles Swindoll, *Home Is Where Life Makes Up Its Mind* [El hogar es donde se decide la vida], Multnomah, Portland OR, 1979, p. 5.

6. Correspondencia privada. Usada con permiso.

7. Robertson McQuilkin, «Living by Vows», *Christianity Today*, 8 de octubre de 1990, p. 40.

8. Ibídem, p. 40.

Al editor y a los autores les encantaría escuchar sus comentarios acerca de este libro.

POR FAVOR, COMUNÍQUENSE CON NOSOTROS EN:

Www.familyfirstseries.com